La parole manipulée

DU MÊME AUTEUR

Histoire de l'informatique, La Découverte, Paris 1987 (nouvelle édition : coll. « Points-Sciences », Le Seuil, Paris, 1990).

L'Explosion dans la communication. La naissance d'une nouvelle idéologie (avec Serge Proulx), La Découverte, Paris, 1989, nouvelle édition, 1993.

La Techno-science en question : éléments pour une archéologie du XXe siècle (avec Alain-Marc Rieu et Franck Tinland), Champ Vallon, Seyssel, 1990.

La Tribu informatique : enquête sur une passion moderne, A.-M. Métailié, Paris, 1990.

Pour comprendre l'informatique (avec G. Dufourd et E. Heilmann), Hachette Supérieur, Paris, 1992.

L'Utopie de la communication. Le mythe du village planétaire, La Découverte, Paris, 1992 (nouvelle édition : coll. « La Découverte/Poche »), La Découverte, Paris, 1997.

À l'image de l'homme. Du golem aux créatures virtuelles, coll. Le Seuil « Science ouverte », Paris, 1995.

L'Argumentation dans la communication, La Découverte, coll. « Repères », Paris, 1996.

L'Appel de Strasbourg. Le réveil des démocrates (codirection avec Bernard Reumaux), Éditions La Nuée Bleue, Strasbourg, 1997.

Philippe Breton

La parole manipulée

La Découverte / Poche

En couverture : © Stuart Briers / Image Bank

Catalogage Électre-Bibliographie

Breton, Philippe
La parole manipulée. - Paris : La Découverte, 2000 - (La Découverte Poche ; 88. Essais)
ISBN 2-7071-3058-3

RAMEAU :	manipulation (psychologie)
	communication en politique
DEWEY :	302.3 : Psychologie sociale.
	Sociologie de la communication (en général)
Public concerné :	Tout public

Si vous désirez être tenu régulièrement informé de nos parutions, il vous suffit d'envoyer vos nom et adresse au Éditions La Découverte, 9 *bis*, rue Abel-Hovelacque, 75013 Paris. Vous recevrez gratuitement notre bulletin trimestriel **À La Découverte**.

Introduction

1950. Le public commence à prendre conscience de la nocivité du tabac pour la santé. Ceux qui continuent à fumer le font de plus en plus en sachant les risques qu'ils prennent. Les ventes de cigarettes chutent. Les fabricants s'en émeuvent et décident, pour redresser la barre, de faire appel à des spécialistes de la « recherche des motivations ». Ceux-ci mettent au point une campagne particulièrement efficace, qui dure jusqu'à aujourd'hui. Cette campagne réussit, pratiquement de toutes pièces, à créer artificiellement dans de larges fractions du public un désir de fumer qui débouche sur une consommation de plus en plus soutenue. Les spécialistes parlent de cette période comme de celle qui est à l'origine de l'« épidémie de cancers » qui tue actuellement des centaines de milliers de personnes.

1958. Un colonel français, engagé dans la lutte psychologique contre les maquisards du FLN, applique un stratagème qui utilise la crainte, légitime, des combattants algériens d'être infiltrés et trahis. Quelques simples lettres, remises à des prisonniers relâchés, contenant un mélange de vraies et de fausses informations, conduisent en quelques mois le dirigeant de ce maquis à torturer et assassiner près de 2 000 des siens, évidemment innocents.

1970. Des créatures provocantes commencent à faire leur apparition dans la publicité, associées à des gammes de produits de plus en plus larges. Leur présence en soi n'est pas choquante, mais l'amalgame affectif qu'elle provoque conduit à des comportements d'achat qui n'auraient pas lieu sans cela. Tout cela culmine dans la publicité emblématique pour les cachous Lajaunie qui remet au goût du jour la petite pastille grâce au décolleté généreux d'un mannequin dont la présence n'a pas vraiment de raison d'être en la circonstance. Tout est bon désormais pour soutenir une consommation qui provoque un gaspillage de ressources rares inégalé dans l'histoire.

1980. De curieuses techniques de « communication » se répandent comme une traînée de poudre dans une société qui croit que la fin proche du communisme, le développement tout azimut des médias, et notamment de la télévision, signent la fin de la propagande et de la coercition psychique. Sous couvert de nouvelles méthodes de management, de multiples « séminaires » s'ouvrent, dans les entreprises et ailleurs, pour diffuser les « nouvelles méthodes américaines » d'influence et de persuasion. Séduites par la promesse d'efficacité qu'elles contiennent, de nombreuses personnes se mettent à utiliser ces méthodes dans leur vie professionnelle et dans leur vie privée, au prix de la dégradation systématique du climat de travail de nombreuses entreprises et de l'éclatement de nombreuses relations personnelles.

1990. Le public découvre, atterré, qu'on l'avait ému avec de faux charniers à Timisoara. Tout recommence l'année suivante avec la guerre du Golfe, « propre et chirurgicale ». L'ère des grandes manipulations médiatiques commence, dont ces deux exemples ne sont qu'un des aspects les plus visibles. Alors qu'ils s'étaient présentés comme les garants d'une information, sinon objective, du moins honnête, les médias apparaissent maintenant comme le maillon le plus faible, à qui la confiance doit toujours être mesurée, quand elle peut leur être accordée.

Fin des années quatre-vingt dix. Les grands démagogues ont désormais pignon sur rue, font de l'audience à la télévision et remportent des succès électoraux sans précédent. Partout, le climat politique se délite et la confiance dans les hommes politiques est au plus bas. Plus personne ne sait comment lutter contre les techniques de manipulation qui envahissent le débat dans l'espace public. Sommé, devant des millions de téléspectateurs, de s'expliquer sur le meurtre par ses militants d'un jeune Comorien qui passait par là une nuit de collage d'affiches, le principal dirigeant d'un parti d'extrême droite français parvient à convaincre que ses hommes sont des victimes et que la victime était coupable. Plus tard, lui et ses lieutenants réussiront, devant les mêmes journalistes incapables de démonter la manipulation du discours, à convaincre que le « lobby juif » contrôle la présidence de la République française... L'amalgame cognitif qui associe la présence des étrangers et tous les problèmes que connaît la société française, pur produit d'une manipulation de l'opinion, connaît un succès sans précédent au point que même certaines forces de gauche s'y laissent prendre.

Tous ces exemples ont en commun de mettre en scène des techniques précises de manipulation, utilisées tout à fait consciemment. Ces techniques s'enseignent, elles sont l'objet de manuels vendus en librairie. Il se trouve même des chercheurs ou des intellectuels pour en légitimer l'emploi.

Loin de s'atténuer dans nos sociétés qui se perçoivent comme des « sociétés de communication », démocratiques, transparentes et rationnelles, le poids de ces techniques se fait sentir chaque jour un peu plus. Pratiquement sans rencontrer de résistance, elles envahissent le monde de la politique, de la publicité, des relations publiques, comme celui des rapports interpersonnels et affectifs. Elles utilisent aussi bien les ressorts de la manipulation cognitive, qui enferme le public dans des raisonnements non fondés ou truqués, que la manipulation des affects, qui joue sur la séduction, l'érotisme, l'hypnose ou la répétition, pour faire passer en force des messages inacceptables par ailleurs.

Le public a-t-il conscience, aujourd'hui, d'être l'objet de multiples tentatives de manipulation ? Ces techniques, notamment sous la forme de la propagande politique et de certains procédés publicitaires, ont été l'objet d'une littérature abondante et très lue. Mais, depuis le début des années quatre-vingt, le thème a disparu de l'actualité comme de la scène intellectuelle, comme s'il n'était plus à l'ordre du jour – excepté pendant la courte période de l'après-guerre du Golfe. On soutiendra ici, *a contrario*, la thèse selon laquelle la manipulation se développe aujourd'hui massivement, dans nos sociétés démocratiques et médiatiques, et que les effets de la saturation de notre environnement par ces techniques sont largement sous-estimés.

La première ambition de ce livre est de souligner que l'emploi des techniques de manipulation de la parole, a, en lui-même, un effet sur le lien social et sur la nature de notre démocratie, *indépendamment des valeurs ou des causes que ces méthodes servent à promouvoir.* D'abriter la manipulation, quelles que soient les causes défendues, fussent-elles honorables, transforme notre démocratie en un régime qui n'est pas encore totalement accompli et fait de nous des hommes et des femmes qui ne peuvent pas prétendre être complètement libres. Il y a plus. On doit peut-être à cette forte présence de procédés manipulatoires le développement de ce qui est en germe dans l'individualisme contemporain : le repli sur soi, la désynchronisation sociale, des formes inédites de néo-xénophobie.

La deuxième ambition de ce livre est de contribuer à aider ceux qui le souhaitent à mieux « décoder » des messages qui sont souvent aussi pernicieux au niveau des valeurs qu'ils défendent qu'au niveau des méthodes qu'ils utilisent. Dans ce sens, il reprend et actualise les travaux déjà réalisés par Vance Packard sur la « persuasion clandestine » et Serge Tchakhotine sur le « viol des foules par la propagande politique ».

La troisième ambition de ce livre est de contribuer au renouveau de la recherche sur l'argumentation. Comment convainc-t-on ? Quelle est la nature de ce lien social si particulier, et si menacé aujourd'hui, qui noue, dans une discussion, un débat, une rencontre, ceux qui veulent à la fois se convaincre et se respecter ? En quoi la démocratie doit-elle quelque chose à la parole ?

Travaillant depuis plusieurs années sur ce thème, qui à mes yeux devrait être un des pôles essentiels d'un intérêt bien compris pour la communication, j'ai rencontré très souvent dans le public une question lancinante : argumenter, n'est-ce pas exercer une forme de pouvoir sur l'interlocuteur, n'est-ce pas une manière détournée de l'influencer, bref de le manipuler ? Rapidement s'est donc imposée la nécessité de réfléchir à la frontière entre ce que serait l'*argumentation*, c'est-à-dire le respect de l'autre, et la *manipulation*, qui serait privation de la liberté de l'auditoire pour l'obliger, par une contrainte spécifique, à partager une opinion ou à adopter tel comportement.

Cette frontière entre le respect et la violence existe. Elle est potentiellement inscrite dans la langue aussi bien que dans les comportements dont nous sommes capables en société. Elle reste encore largement à construire dans les faits. Son effacement signerait la menace la plus grave que notre démocratie ait à affronter.

Enfin – pourquoi ne pas l'évoquer ? – l'actualité a été un aiguillon important de cette recherche. La montée de l'extrême droite en France, l'incapacité de notre démocratie à considérer que les méthodes propagandistes et manipulatoires utilisées par ses thuriféraires constituent un danger mortel pour elle ont conduit à considérer la rédaction de cet ouvrage comme une nécessité et une urgence.

1

Permanence de la manipulation

La critique de la manipulation a occupé une place importante tout au long du XXe siècle. L'usage innovant et systématique de la propagande par tous les protagonistes pendant la Première Guerre mondiale sonne comme un signal d'alarme. Les techniques mises au point à cette occasion sont immédiatement dénoncées par les esprits les plus conscients et les plus indépendants, journalistes, hommes de lettres, intellectuels, en tout cas dès que la levée de la censure le permet.

À partir des années trente, la généralisation de ces méthodes au monde de la politique et de la publicité, puis, rapidement, au vaste univers des « relations humaines », suscite elle aussi une forte résistance de la part de tous ceux qui voient dans une parole libre et non manipulée la garantie de la démocratie. De nombreux ouvrages et articles de presse ponctuent les années de l'après-guerre pour dénoncer l'usage fréquent des techniques de manipulation jusqu'au cœur des démocraties occidentales. Grâce à deux ouvrages phares de la critique[1], *Le Viol des foules par la propagande politique* et *La Persuasion clandestine*, le public est averti des entreprises de manipulation dont il est la cible.

1. Serge TCHAKHOTINE, *Le Viol des foules par la propagande politique*, Gallimard, 1952, et Vance PACKARD, *La Persuasion clandestine*, Calmann-Lévy, 1958, 1984.

Et puis, plus rien. La critique de la manipulation va brutalement disparaître de l'actualité à partir des années quatre-vingt. De la même façon que la propagande semblerait désormais appartenir au passé, les procédés qu'évoquaient les critiques de la publicité auraient perdu de l'intensité aujourd'hui. Un consensus semble s'établir autour de propositions comme celles du sociologue français Gilles Lipovetsky, qui déclare par exemple que la publicité est « tout sauf un pouvoir de direction et de formation des consciences ». Ne craignant pas l'oxymore, Lipovetsky ajoute qu'elle est « un pouvoir sans conséquence[2] ». De nombreux intellectuels, qui avaient été pourtant sévères avec la publicité, comme Jean Baudrillard en France, par exemple, lâchent prise et ne s'expriment plus guère sur le sujet.

Le même phénomène survient pour ce qui concerne la manipulation en politique. Cette disparition de la critique va s'opérer d'autant plus facilement que les derniers à protester le font moins au nom d'une dénonciation de certaines méthodes de manipulation qu'à partir de leurs propres positions idéologiques, souvent à l'extrême gauche. Ainsi, Noam Chomsky incarnera le dernier carré de résistance à la « propagande », mais ce qui l'intéresse est moins la propagande en elle-même que ce à quoi elle sert selon lui : la « fabrication du consensus » au service de l'« impérialisme américain ».

La cause est entendue : la propagande, terme désormais péjoratif, est devenue une catégorie pour historien. La désinformation se voit reconnaître un statut d'« arme de guerre », qui n'est utilisée qu'en cas d'urgence et à regret. La manipulation psychologique aurait également disparu de notre horizon. Le pouvoir des

2. Gilles Lipovetsky, *L'Empire de l'éphémère*, Gallimard, 1987.

médias, objet d'un renouveau de la critique, est souvent mis en avant pour témoigner que nous serions entrés dans une « société de communication » où les vieux procédés d'influence et d'intervention sur les consciences n'auraient plus cours. La chute du mur de Berlin signe pour beaucoup la fin d'une époque où l'association entre politique et manipulation était légitimée, dans les deux camps, par les impératifs de la guerre froide.

Deux événements nous rappelèrent toutefois à l'ordre : la manipulation de l'information pendant la « révolution roumaine » de 1989 et le conflit contre l'Irak en 1990 et 1991. Faux charniers de victimes de la Securitate, fausses couveuses de prématurés koweïtiens « débranchées » par les cruels Irakiens, vrais oiseaux englués dans une marée noire bien réelle mais localisée à des milliers de kilomètres des mêmes cruels Irakiens censés l'avoir provoquée, ces années furent de bons crus en matière de manipulation organisée de l'opinion.

Mais ces deux événements servirent à prouver – vieux lieu commun de l'exception qui confirme la règle – qu'en dehors de cela tout allait bien. Les Roumains avaient l'excuse de l'habitude. Ils n'avaient fait que reprendre les anciennes méthodes des polices politiques de l'Est. Les Américains conduisaient à peu près seuls une guerre dont l'issue restait malgré tout improbable. La désinformation n'était ni plus ni moins pour eux qu'un élément de l'arsenal matériel et intellectuel qu'ils mettaient normalement en œuvre à cette occasion. De nombreux ouvrages parurent les mois suivants sur la manipulation de l'opinion, puis on n'en parla plus. La guerre, de toute façon, était terminée.

Dans le domaine de la publicité, on tend désormais à ne plus retenir que les excès les plus visibles auxquels ses promoteurs seraient susceptibles de se livrer et qu'avait dénoncés Vance Packard, en particulier la publicité « subliminale » (il s'agit de messages cachés dans d'autres messages : par exemple, une image intercalée toutes les vingt-cinq images seconde et qui influence l'auditeur sans qu'il le sache). L'hypothétique existence de tels messages sert ainsi à dédouaner toutes les autres formes publicitaires ainsi considérées comme « respectueuses » du public. Si la publicité subliminale n'avait pas existé, il aurait fallu l'inventer !

La médiatisation intense du phénomène des « sectes » sert aussi de repoussoir dans ce domaine. Il y aurait deux sociétés, l'une, la nôtre, composée d'hommes libres, jamais soumis à aucune influence, et l'autre, celle des sectes, où la manipulation des consciences règne en maître. Nul doute qu'il y ait là une vraie question, mais la frontière est-elle si étanche ? Ne pas faire partie d'une secte est-il une vraie garantie que nous ne sommes pas potentiellement la cible d'entreprises manipulatoires ?

La manipulation existe-t-elle encore ?

La propagande, la désinformation, la manipulation psychologique de l'opinion auraient-elles disparu de l'horizon radieux de cette fin de millénaire ? L'idéal grec d'un espace public démocratique serait-il atteint ? La société de communication totale que l'on nous promet serait-elle advenue plus tôt que ne l'imaginaient ses thuriféraires ? La manipulation appartiendrait-elle au passé ? Se cantonnerait-elle à des régimes politiques honnis, maintenant en voie d'extinction ? Trois arguments, couramment répandus aujourd'hui, semblent aller dans cette direction.

Plus de causes à défendre ?

Le premier argument opposé à l'idée que la manipulation existerait encore et même connaîtrait un certain développement dans nos sociétés démocratiques consiste à dire qu'aujourd'hui il n'y a plus de causes à défendre. La fin de la guerre froide aurait signifié la « fin des idéologies ». La propagande aurait ainsi disparu, privée de matériau de base et faute de combattants, à part peut-être au sein de régimes exotiques et lointains Ainsi, au printemps 1997, les médias évoquent avec une sorte d'allégresse les « stages de propagande » organisés par Laurent Désiré Kabila dans les parties du Zaïre qu'il contrôle déjà comme autant d'archaïsmes dont nous, Occidentaux, qui sommes des hommes libres, nous serions débarrassés depuis longtemps. N'y a-t-il donc plus aujourd'hui de causes à défendre, en Occident et ailleurs, qui justifient que tous les moyens soient mis à leur service ?

Cet argument peut être confronté à la réalité des multiples causes à défendre dont notre fin de siècle est prodigue. Nous pouvons, dans ce domaine, être victimes des effets du regard rétrospectif. Les causes défendues dans le passé ont, après coup, toujours l'air relatives. Celles d'aujourd'hui ressemblent beaucoup plus à des « vérités », d'autant plus qu'elles s'appuient sur un processus de « naturalisation de l'opinion » assez fortement manipulatoire. Ainsi le libéralisme, comme théorie et surtout comme idéologie, est-il présenté le plus souvent comme le point de vue « maintenant réaliste » sur le monde, comme un regard « désidéologisé ». Il n'apparaît plus comme une cause à défendre, ce qu'il est pourtant, qu'on la partage ou non.

Nul doute que, dans le futur, le libéralisme apparaîtra comme ayant été une cause à défendre, au service de laquelle des procédés de type propagandiste ont été utilisés. Il est toujours plus facile de voir après coup se découper avec netteté la propagande au service d'idéaux : ceux qui, dans le passé, y étaient soumis n'en avaient guère conscience. Là réside d'ailleurs un des ressorts de la manipulation. À son échelle, la guerre du Golfe a fourni une illustration de cette nécessité d'un après-coup. Sur le moment, en effet, il s'est trouvé bien peu d'analyses mettant en évidence les diverses manipulations et désinformations dont les publics occidentaux étaient l'objet : l'image de l'événement auquel nous avions accès était profondément « réaliste ». Manipuler consiste bien à construire une *image* du réel qui a l'air d'*être* le réel.

L'argument selon lequel « il n'y a plus de cause à défendre » se heurte de toute façon, dans le domaine du politique, à la remontée en force des crispations identitaires et des vieux thèmes habillés de neuf de l'extrême droite. L'espace politique français, comme celui d'autres pays européens, n'est-il pas largement occupé par la « question des immigrés » ? Il est difficile de nier que ce vieux thème de propagande n'ait pas aujourd'hui du succès, bien au-delà de l'électorat extrémiste.

La notion de « cause à défendre » s'est d'ailleurs singulièrement étendue. Le monde de la publicité, comme celui de la « communication » ne doit son existence qu'à cela. Un produit, une entreprise, un geste humanitaire sont devenus des causes, défendues en tant que telles. Notre environnement, à y regarder de près, est saturé de messages visant à nous convaincre dans tous les domaines possibles. L'homme moderne est bien celui qui est l'objet de perpétuelles sollicitations.

Démocratie et manipulation

Le deuxième argument en faveur de l'idée que la manipulation de la parole a disparu avec la fin de la guerre froide consiste à associer étroitement totalitarisme et manipulation et, de façon corollaire, démocratie et liberté de l'opinion. Un tel argument suppose que les moyens utilisés pour convaincre sont étroitement dépendants des valeurs dominantes de la société où ils sont utilisés. Un régime politique de type fasciste serait « par nature » propagandiste et les démocraties excluraient, elles aussi « par nature », de telles méthodes. La seule exception à cette règle serait les rechutes ponctuelles, comme par exemple les tentatives de manipulation de l'opinion pendant la guerre du Golfe, rechutes toujours liées à – et pourquoi pas justifiées par – une grave menace sur la sécurité nationale. Cet argument suppose donc que, puisque nous sommes en démocratie, il n'y a plus d'opinion manipulée, ni de volonté de manipulation.

À cet argument, on opposera la nécessité d'établir une barrière très étanche entre les valeurs, les idées, les opinions qui sont exprimées et les méthodes utilisées pour les défendre. Ce point est essentiel, car nous avons du mal à séparer ces deux niveaux et à imaginer, par exemple, que des idées démocratiques puissent être défendues par des méthodes qui ne le seraient pas. Ou plutôt, notre époque a tendance à ne pas être regardante sur les méthodes quand les valeurs sont jugées « bonnes ». Parce que le point de vue serait démocratique, les méthodes utilisées, quelles qu'elles soient, le seraient aussi.

Le fond de cet argument, qui associe démocratie et absence « naturelle » de manipulation, tient à la croyance qu'aujourd'hui, dans un tel régime, l'homme moderne est libre. Cette liberté serait rendue possible par le fait qu'il est « informé » et que les médias, eux aussi « libres », rendent la société « transparente ». Ce n'est pas tant la démocratie qui garantirait l'innocuité de la manipulation que la « société de communication » que garantirait la pluralité des médias. Or on sait mieux aujourd'hui que les médias jouent fréquemment un rôle décisif, quoique le plus souvent à leur corps défendant, dans l'amplification des procédures de manipulation. Loin d'être un élément fort de décodage de la manipulation, les médias en constituent souvent le vecteur primordial.

De la même façon, en quelque sorte symétriquement, on imagine mal qu'un régime dictatorial puisse convaincre sans manipuler et violenter l'opinion. C'est au fond toute la question ouverte par Daniel Jonah Goldhagen[3] lorsqu'il soutient que Hitler a pu obtenir sans contrainte apparente un comportement raciste éliminationniste d'une partie importante du peuple allemand.

Il importe donc, à nos yeux, d'établir une distinction radicale entre l'univers des fins et celui des moyens. Cela ouvre la possibilité d'une hypothèse féconde : les régimes démocratiques peuvent-ils abriter en leur sein, éventuellement en masse, des méthodes d'argumentation, de débat, de circulation de la parole, qui soient manipulatoires ? Cette hypothèse, que nous explorons tout au long de ce livre, a pour corollaire l'hypothèse d'une possible continuité des méthodes entre les régimes totalitaires et les régimes démocratiques, possibilité qui, pour l'instant, n'est pas reconnue, comme en témoigne le renvoi au titre de catégorie historique des notions de propagande et de désinformation. Il nous faut donc construire une réflexion sur les grandes catégories de manipulation de façon à établir leurs caractères universels, qui transcendent les causes ainsi argumentées ou les régimes politiques qui les utilisent.

Une manipulation sans effet ?

Le troisième argument consiste à reconnaître que beaucoup d'entreprises visant à convaincre sont effectivement marquées du sceau de la manipulation, mais

3. Daniel Jonah GOLDHAGEN, *Les Bourreaux volontaires de Hitler, les Allemands ordinaires et l'Holocauste*, Seuil, Paris, 1997.

que celles-ci sont des pratiques « douces », sans gravité, prises avec humour par les intéressés – comme dans le cas de la publicité –, et que, *in fine*, toute communication est influence et manipulation. Dans cet esprit, les opinions publiques seraient désormais « adultes ». La forte présence de techniques manipulatoires (du côté des hommes politiques et de la publicité, par exemple) serait contrebalancée par le fait que celles-ci sont pratiquement sans effet car immédiatement « décodées » par les auditoires qui en sont la cible.

La plus grande résistance à admettre l'idée que la manipulation est bien présente, là, autour de nous, est qu'il n'est guère agréable de se laisser dire que l'on est, ou que l'on a été manipulé. Mieux vaut se croire indemne de toute influence. Or la première étape de toute manipulation consiste justement à faire croire à son interlocuteur qu'il est libre. À une plus grande échelle, notre société diffuse aujourd'hui l'idée que les hommes d'aujourd'hui sont libres (la publicité utilise très largement ce message), malgré toutes les tentatives d'influence dont ils sont explicitement la cible. Il n'est pas sûr que nos parents, ceux par exemple qui ont vécu dans l'entre-deux-guerres, aient eu toujours conscience du fait que les messages auxquels ils étaient parfois soumis relevaient de la propagande. Eux aussi s'imaginaient pourtant « libres ». On se gardera en tout cas de l'oxymore qui veut que la manipulation soit « douce ». La parole manipulée est une violence : d'abord envers celui sur lequel elle s'exerce, ensuite sur la parole elle-même en tant qu'elle constitue le pilier central de notre démocratie.

Un certain nombre de travaux en sciences de la communication – qui avaient été les premières à dénoncer les effets des processus d'influence – tendraient aujourd'hui à soutenir que les publics sont devenus résistants aux effets manipulatoires. Pour reprendre la formule paradigmatique du chercheur américain Elihu Katz, il vaudrait mieux s'interroger aujourd'hui sur « ce que les gens font aux médias » plutôt que sur « ce que les médias font aux gens ».

Les effets d'une procédure manipulatoire peuvent être très divers. Ils ne sauraient se résumer à l'alternative simpliste qui voudrait que la manipulation « marche » ou « ne marche pas » par rapport à l'intention manipulatrice. La manipulation peut avoir d'autres effets, peut-être plus dévastateurs pour la parole et le lien social que lorsque celle-ci est simplement « efficace ». Cette piste est probablement la plus intéressante à suivre. Une question se pose d'emblée : n'y a-t-il pas aujourd'hui des stratégies de défense à l'égard de l'influence, qui provoquent ou renforcent le repli sur soi ? N'y a-t-il pas une connexion inédite à faire entre la parole manipulée et certaines formes de plus en plus développées de l'individualisme contemporain ? Auquel cas la manipulation ne serait pas sans effets, même si ceux-ci ne sont pas là où on les attend habituellement.

Qu'est-ce que la manipulation ?

Pour répondre plus avant encore à ces trois arguments, il est nécessaire de remettre l'ouvrage sur le métier et de reprendre, là où elle a été laissée, la tradition critique de recherche sur les procédés manipulatoires. Il faut s'interroger sur ces catégories que l'on dit dépassées, ou réservées à l'histoire, et se demander si les méthodes employées par la propagande et la désinformation ne sont pas encore vivaces aujourd'hui. Il faut se demander également s'il n'y a pas eu innovation dans ce domaine et si des pratiques nouvelles ne sont pas apparues.

Il faut également chercher à mieux comprendre la faible résistance de nos sociétés à des procédés dont les effets sont inédits et mal connus.

Une distinction normative

Analyser la manipulation implique de compléter le terrain de la description par un point de vue plus normatif, qui nous permettrait de distinguer le convaincre « légitime » de celui qui ne le serait pas. La tâche est évidemment redoutable. L'époque – nous y reviendrons – n'accorde guère de sympathie aux tentatives de distinction normative entre ce qui serait une « parole légitime » et ce qui ne le serait pas. Toute réflexion de ce type est souvent assimilée à une intention de censure. La difficulté ne réside pourtant pas essentiellement là. La question est en effet plutôt de définir des critères normatifs qui soient suffisamment précis sur le plan de la théorie comme sur celui de l'analyse concrète des pratiques, et qui par ailleurs aient des présupposés explicites.

Par « manipulatoire », on entendra ici, de manière plus générale, une action violente et contraignante, qui prive de liberté ceux qui y sont soumis. Dans ce sens, elle est déshonorante et disqualifiante pour celui qui met en œuvre de telles ressources, quelle que soit la cause défendue. Cette précision paraît nécessaire au regard de l'emploi que font certains auteurs du terme « manipulation », dans le contexte des relations humaines. Pour certains, tout serait manipulation et il n'existerait aucune référence possible à d'autres formes du convaincre. L'alternative serait entre violence physique et manipulation et, à tout prendre, selon un tel raisonnement, mieux vaudrait donc la manipulation. Ainsi, Lionel Bellenger, dans un ouvrage consacré à la persuasion, fait référence, pour la condamner, à l'« utopie » du point de vue qui consisterait à soutenir que « le persuadeur devrait pouvoir garantir le déclenchement d'un consentement libre et authentique chez le "persuadé"[4] ».

Nous adhérons quant à nous, sans complexe, à cette « utopie », au moins comme point de référence normatif. Comment peut-on en effet renoncer à l'espoir de relations « libres et authentiques » entre les hommes, d'autant que ceux-ci s'y livrent plus fréquemment qu'il n'y paraît ? Comment y renoncer, surtout, quand on se place du point de vue de la démocratie, qui en fait une norme essentielle ? Décrire les pratiques de manipulation, comme nous allons le faire, n'a d'intérêt que pour dessiner, *a contrario*, l'espace de pratiques humainement souhaitables. C'est donc bien en un sens de « normes » dont il est question ici.

Nous pouvons d'ailleurs être confortés dans cette approche par le fait que la plupart des travaux réalisés sur ces questions n'évitent pas, quelles que soient leurs déclarations de principe initiales, la question d'une partition entre les méthodes légitimes et celles qui ne le sont pas. Comment peut-on faire autrement sans prendre le risque de justifier *toutes* les méthodes qui permettent d'agir sur autrui, c'est-à-dire de n'adopter qu'un point de vue cynique sur le monde ?

Un mensonge organisé

La manipulation s'appuie sur une stratégie centrale, parfois unique : la réduction la plus complète possible de la liberté de l'auditoire de discuter ou de résister à ce qu'on lui propose. Cette stratégie doit être invisible car son dévoilement indiquerait qu'il y a tentative de manipulation. Ce n'est pas tant le fait qu'il y ait une stratégie, un calcul, qui spécifie la manipulation, que sa dis-

4. Lionel BELLENGER, *La Persuasion,* PUF, « Que sais-je ? », Paris, 1985, p. 4.

simulation aux yeux du public. Les méthodes de manipulation avancent donc masquées.

Dans l'acte de manipulation, le message, dans sa dimension cognitive ou sous sa forme affective, est conçu pour tromper, induire en erreur, faire croire ce qui n'est pas. Ce message est donc toujours mensonger. À cette affirmation on pourrait objecter, dans le cas de la propagande raciste par exemple, que, lorsque certains propagandistes d'extrême droite défendent un tel point de vue, ils y croient eux-mêmes. C'est à ce point précis qu'il est nécessaire d'introduire une distinction entre un point de vue défendu (ici le racisme, qui est la croyance dans l'existence de « races » hiérarchisées entre elles) et les énoncés divers qui vont être construits et utilisés pour le défendre (par exemple, l'amalgame entre « étrangers » et « problèmes » ou l'« évidence scientifique » de l'inégalité entre les races). L'extrême droite ne se contente pas de nous informer qu'elle est raciste et que ce serait bien – de son point de vue – que nous le soyons aussi. Il y a manipulation parce qu'il y a fabrication d'un message qui, lui, relève d'une stratégie du mensonge.

Prenons l'exemple de la tentative de fonder le racisme sur une base scientifique. Celui-ci a longtemps été présenté comme une « réalité scientifique ». Cette affirmation, qui suscite aujourd'hui, hélas, un intérêt renouvelé, convainc de nombreuses personnes, qui auraient peut-être été plus résistantes autrement, de la légitimité d'un tel sentiment. Or aucun dirigeant d'extrême droite ne peut croire que le racisme est fondé scientifiquement puisque aucune preuve n'a jamais pu être fournie de ce point de vue malgré les efforts de scientifiques acquis à cette cause. Tout au plus peuvent-ils croire qu'*un jour* ces théories seront fondées scientifiquement et qu'ainsi leur croyance sera prouvée.

Il y a donc bien décalage entre l'opinion réelle – le sentiment raciste auquel ils adhèrent – et le message – manipulatoire – qu'ils proposent pour la défendre. Ce décalage s'observe partout où l'on construit artificiellement un message en fonction uniquement de sa capacité à emporter coûte que coûte l'adhésion de l'auditoire, qu'il s'agisse de la politique, de la communication ou de la publicité.

Vaincre une résistance

Le procédé manipulatoire est également caractérisé par le fait qu'il intervient sur une résistance, une opposition ou, *ad minima*, une non-acceptation immédiate de ce dont le manipulateur veut convaincre. Si ce n'était pas le cas, il n'aurait pas besoin de mettre en œuvre de tels procédés. Nous sommes bien dans la dimension du convaincre, qui suppose, selon la jolie formule de Francis Goyet, qu'on ne prêche ni dans le désert ni à des convertis[5]. On ne cherche pas, lorsque l'on manipule, à argumenter, c'est-à-dire à échanger une parole, mais à l'imposer.

La manipulation consiste à entrer par effraction dans l'esprit de quelqu'un pour y déposer une opinion ou provoquer un comportement sans que ce quelqu'un sache qu'il y a eu effraction. Tout est là, dans ce geste qui se cache à lui-même comme manipulatoire. C'est là que réside sa violence essentielle. En effet, à la différence de la violence physique qui fonde une interaction explicite, la violence psychologique ou cognitive qu'implique la manipulation doit toute son efficacité à sa dissimulation. Aussi les mécanismes techniques de construction du message manipulatoire relèvent-ils

---

5. Francis GOYET, *Rhétorique de la tribu, rhétorique de l'État*, PUF, Paris, 1994.

d'une double préoccupation : identifier la résistance qui pourrait lui être opposée et masquer la démarche elle-même. Là réside une différence essentielle avec l'argumentation, où l'on explique, en même temps que l'on cherche à convaincre, comment on s'y prend.

La parole manipulatoire entretient de ce point de vue un curieux rapport au silence[6]: là où l'argumentation aménage des pauses qui sont autant de respirations dans le dialogue et laisse à l'interlocuteur la possibilité de réfléchir, d'objecter, d'accepter ou de refuser, la manipulation semble avoir comme caractéristique de traquer le silence dans l'interaction afin d'emprisonner l'autre dans une séquence continue où il n'a pas pas d'autre choix que de se rendre.

Nous venons d'analyser trois objections au fait que la manipulation garderait, dans les sociétés démocratiques, une place importante. La première suppose qu'il n'y ait plus, dans les sociétés contemporaines, de « causes » à défendre ; la deuxième lie, de façon exclusive, totalitarisme et manipulation ; la troisième suppose bien l'existence de procédés manipulatoires mais en atténue considérablement les effets. Nous avons également défini la parole manipulatoire, triplement, comme mensonge organisé, privation de liberté de l'auditoire et outil pour vaincre sa résistance.

Pourquoi ne pouvons-nous pas être indifférents au fait que la parole soit ainsi manipulée ? Pour répondre à cette question, il faut commencer par souligner l'importance de la parole dans les sociétés humaines, notamment la parole pour convaincre. Parce qu'elle est au centre de notre vie sociale, culturelle et politique, elle en constitue un enjeu majeur.

---

6. Sur les rapports entre silence et communication, voir David LE BRETON, *Le Silence*, Métailié, Paris, 1997.

2

L'importance de la parole

La parole est ce qui spécifie l'humain. Elle se déploie sur trois registres essentiels, qui la constituent : l'expression, l'information, la conviction. Dans ce sens, les modes de communication qu'elle fonde se distinguent radicalement de ceux qui rassemblent les animaux au sein d'une même espèce, ou même de ceux des machines, dont on sait pourtant l'aptitude à communiquer à leur manière.

La machine informe, notamment les ordinateurs. Elle le fait particulièrement bien. Elle a été conçue dans ce but : une exceptionnelle fiabilité dans le traitement et la transmission de l'information.

L'animal informe lui aussi. Cette information, comme dans le cas de la machine, est un signal qui s'échange à l'intérieur de l'espèce, et qui est aussi une capacité à traiter d'autres signaux provenant de l'environnement. Cette capacité à traiter l'information ne se transcende pourtant pas elle-même. Comme le rappelle Georges Gusdorf, « l'animal ne connaît pas le signe, mais le signal seulement, c'est-à-dire la réaction conditionnelle à une situation reconnue dans sa forme globale, mais non analysée dans son détail. Sa conduite vise l'adaptation à une présence concrète à laquelle il adhère par ses besoins, ses tendances en éveil, seuls chiffres pour lui, seuls éléments d'intelligibilité offerts par un événement qu'il ne domine pas, auquel il participe[1] ».

1. Georges GUSDORF, *La Parole*, PUF, Paris, 1952.

L'animal ne se contente pas d'informer et d'être informé. Il sait aussi exprimer toute la gamme des sentiments qui s'offrent à lui : plaisir, douleur, colère. Mais ces sentiments restent pris, pour l'essentiel, dans le registre informatif. Ils sont asservis aux exigences comportementales d'adaptation aux autres membres de l'espèce et à l'environnement.

L'être humain, quant à lui, déploie, avec des intensités différentes, outre les deux registres qu'il a en commun avec le monde animal et celui des machines, l'information et l'expression, une capacité totalement innovante à avoir un point de vue, des projets, une intervention sur le monde qui l'entoure. L'humain est un être de convictions animé par le désir de convaincre.

La parole fondatrice de l'humain

Convaincre est une expérience spécifique de l'espèce humaine. L'animal informe et exprime, mais jamais il ne se place en posture de convaincre. De quel point de vue singulier, de quelle conviction se ferait-il d'ailleurs le porte-parole ? La machine à traiter l'information n'a pas plus de titre, malgré les fantasmes dont on l'investit parfois, d'être l'auteur d'une quelconque entreprise de conviction. La machine n'a aucune conscience, aucun point de vue propre. L'homme, seul, convainc. Cela peut-être l'institue comme être de parole.

Convaincre, pour l'homme, est une activité complexe, multiforme. Il s'agit aussi bien, dans une acception large donnée à ce terme, de convaincre l'environnement matériel de se soumettre à un projet que l'on formule à son égard (tailler un os en pointe de flèche ou en forme d'aiguille pour coudre les sacs indispensables aux migrations) que de convaincre une autre personne de partager telle opinion ou d'adopter tel comportement. Sur un plan anthropologique, l'aptitude à convaincre est peut-être la matrice de la technique elle-même, qu'il s'agisse des techniques matérielles, comme la capacité à fabriquer des outils, ou des techniques intellectuelles.

La parole humaine englobe ces trois registres, exprimer, informer, convaincre. Elle est le fruit d'une combinaison originale de ces trois éléments au sein de laquelle le convaincre pourrait bien jouer un rôle prépondérant.

La parole fruit d'une régression ?

D'où vient cette spécificité de l'humain, seul être vivant à disposer d'une parole ? Dans ce domaine, où tous les témoignages (mâchoires, dents, os de membres ou de squelettes) sur lesquels s'appuient nos connaissances tiennent dans une valise, nous sommes condamnés à des hypothèses spéculatives. L'accession à la parole comme centre et moteur du processus d'hominisation paraît cependant, à tout point de vue, probable.

Les travaux des préhistoriens, toutes tendances confondues, semblent indiquer que le mouvement de l'hominisation est bien lié au développement d'une forme de communication spécifique, qui distingue radicalement l'humain du reste du règne animal dont il est issu. Mais, contrairement à ce que le sens commun nous indiquerait, cette distinction pourrait bien, avant d'être un progrès, être le fruit, d'abord, d'une régression. Ne serait-ce pas du fait de la dégradation, accidentelle ou non, des formidables capacités de traitement de l'information dont dispose l'animal que l'un d'entre eux, du coup pré-anthropoïde, serait devenu humain ?

L'hypothèse d'une désadaptation fondatrice est développée, à leur manière, par les paléoanthropologues. Pour l'« inventeur » de Lucy, Yves Coppens, l'homme est d'abord le produit de l'évolution d'un singe de forêt confronté, du fait d'un accident géologique à grande échelle, à un nouvel environnement, celui de la savane. Cette déstabilisation initiale, avec la perte de tous les repères qu'elle implique, serait pour lui un possible départ de l'humanité, en Afrique de l'Est. Ainsi l'homme, échouant à traiter l'information avec la stabilité, la rigueur et l'exhaustivité qui conviennent à l'état instinctif, inventerait une parole en perpétuelle recherche de son adéquation avec le réel. Privé d'un rapport informationnel fiable avec le monde, celui qui cesse de ce fait d'être un animal est conduit à reconstruire, en lui donnant du sens, cet écart permanent, cette distance perpétuelle au monde.

Si l'on veut bien s'entendre sur une définition stricte de l'information, on peut soutenir que la communication entre les animaux est exclusivement informative, ce qui évidemment ne suffit pas pour en faire une parole. Même les plus complexes d'entre eux, les mammifères supérieurs, restent en deçà du seuil de la parole. N'échangeant que de l'information, l'animal ne se trompe jamais – sauf défaillance dans la chaîne de transmission de l'information – et, surtout, ne trompe jamais. L'animal fait toujours ce qu'il « annonce ». Lorsqu'il envoie un message d'agression, il agresse, ou y renonce, mais ne fait jamais autre chose. La parole humaine, elle, a ceci de particulier qu'elle peut dire le contraire de ce que son auteur fait. L'homme est le seul animal menteur. Cette parole est autonome à l'égard de tout ce qui l'entoure. Sa portée est bien au-delà de la simple transmission d'information.

Ne peut-on imaginer que le préanthropoïde est devenu humain à partir du moment où il a cessé de répéter l'information instinctive inscrite dans ses gènes, et qui lui sert de lien avec l'environnement, pour devenir l'auteur d'une parole singulière ? L'homme, certes, transmet de l'information, mais il le fait très mal. De la même façon que l'humain a, par rapport au singe dont il descend (peut-être), deux chromosomes en moins (46 au lieu de 48), sa capacité à traiter convenablement de l'information semble considérablement dégradée par rapport à ses ancêtres animaux. Nous sommes de piètres mémoires et des témoins bien imparfaits. Deux hommes confrontés au même événement, le plus simple, le plus visible, produiront deux récits distincts et chacun d'entre eux jurera avoir vu ce qu'il a, de ses yeux, vu. Tous les professionnels du témoignage (policiers, magistrats, journalistes) le disent, rien n'est moins fiable qu'un témoin, sans parler de la formidable capacité de notre mémoire à transformer, à oublier, à mélanger.

Du point de vue de l'information, nous sommes bien en deçà des performances dont sont capables les plus primitifs des animaux sur l'échelle de l'évolution. Les machines, que nous avons inventées justement pour stocker et traiter l'information, nous dépassent de ce point de vue d'une manière inimaginable : un ordinateur ordinaire traite plusieurs millions d'informations à la seconde, sans en perdre une seule. Si nous sommes si distincts à la fois de l'animal et de la machine, c'est que, devant le moindre fait, et sommé, d'en rendre témoignage, nous nous en faisons, au sens strict, toute une histoire.

L'homme met du sens partout. Il ne peut pas se défaire de la continuelle production de sens qui caractérise sa parole, au point qu'il doive renoncer à ce qui fait pourtant le lot commun du moindre animal, voir, sentir, percevoir le réel de la même façon que son congénère. S'accorder sur un minimum de points de vue communs nécessite un gigantesque travail pour des résultats toujours assez modestes, et toujours à recommencer.

La parole est ainsi faiblement informative et fortement argumentative. Elle est moins communication standardisée au sein d'une espèce que parole individuelle toujours à la recherche d'un lien social fuyant et toujours à reconstruire, alors que celui-ci est donné et immuable chez l'animal.

L'importance initiale, voire fondatrice, de la parole pour convaincre nous permet-elle de déduire que cette potentialité s'est d'emblée affirmée tout azimut ? Elle s'est rapidement autonomisée dans les premières techniques matérielles (la fabrication d'outils est attestée quasiment dès les débuts de l'hominisation) et dans un projet de plus en plus autonome, jusqu'aux sciences modernes, de maîtrise et de transformation de l'univers matériel. Mais qu'en est-il dans le domaine du langage et de l'organisation du lien social ?

Il faut attendre le nouvel univers de sens inauguré, en Occident, par les Grecs, pour voir se mettre en place un rapport au convaincre qui le transforme en technique systématique. L'institution de la démocratie, bien plus qu'un simple système politique, correspond à une nouvelle place donnée à la parole dans la société en même temps qu'à une actualisation de la potentialité du convaincre.

La parole démocratique

La démocratie, telle qu'elle naît, comme rupture essentielle de civilisation, dans la cité athénienne, est véritablement le « régime du convaincre ». La Grèce ancienne, puis Rome, nous lèguent des institutions, notamment politiques et judiciaires, qui sont la marque de la démocratie. Mais celles-ci sont appelées tout au long des siècles à s'adapter. La place centrale conférée à la parole pour convaincre est l'élément le plus permanent, le plus fondamental de la rupture démocratique. Les grandes valeurs qui ordonnent la nouvelle représentation du monde forgée par les Grecs s'appliquent directement à la parole et, d'une certaine façon, ne s'appliquent concrètement qu'à travers la parole.

Jean-Pierre Vernant, en s'interrogeant sur les origines de la pensée grecque, montre comment l'irruption de l'« égalité » et de la « symétrie » constitue la « nouvelle image du monde ». Par là, dit-il, « se trouve effacée l'image mythique d'un monde à étages ; [...] aucun élément ou portion du monde ne s'y trouve plus privilégié aux dépens des autres [2] ». Il s'ensuit la création d'un nouvel espace social, d'un centre par rapport auquel les individus occupent tous des positions symétriques. C'est l'agora, qui, selon Vernant, « forme le centre d'un espace public et commun. Tous ceux qui y pénètrent se définissent par là même comme des égaux [...] par leur présence dans cet espace politique, ils entrent, les uns avec les autres, dans des rapports de parfaite réciprocité [3] ».

Cette révolution des esprits, qui s'opère entre le VIIIe et le VIIe siècle av. J.-C., se traduit immédiatement par une extraordinaire prééminence de la parole sur tous les autres instruments de pouvoir. La parole devient « l'outil politique par excellence, la clé de toute autorité dans l'État, le moyen de commandement et de domination sur autrui [4] ».

Benoît décrit ainsi la nouvelle situation entraînée par la mise au premier plan de la parole : « À l'orateur donc, qui savait saisir et entraîner par la parole cette foule ardente et capricieuse, et toujours si amoureuse de l'art, qu'elle voulait trouver, jusque dans les débats les plus

---

2. Jean-Pierre VERNANT, *Les Origines de la pensée grecque*, PUF, Paris, 1962, p. 121

3. *Ibid.*, p. 126

4. *Ibid.*, p. 44

orageux, un spectacle d'éloquence en même temps qu'un combat, à ce parleur habile appartenait le gouvernement de l'État et l'empire de la Grèce : Périclès n'eut jamais d'autre titre au pouvoir suprême[5]. »

La parole, désormais, va assumer une nouvelle vocation, elle « n'est plus le mot rituel, la formule juste, mais le débat contradictoire, la discussion, l'argumentation[6] », au sein d'un univers cognitif formé, selon l'expression de Vernant, « par une délimitation plus rigoureuse des différents plans du réel[7] ». Le monde des vivants se sépare de celui des morts, celui des dieux de celui des humains. D'une certaine façon, c'est la solitude de l'homme qui commence, que compense à sa manière l'institution de la parole pour convaincre, de la parole comme fondement de l'action et comme modalité de la décision, de la parole comme lien social.

La parole, alternative à la violence

La parole déploie ainsi sa vocation à se substituer au pouvoir et à la double violence, physique et symbolique, sur laquelle il s'appuie traditionnellement. « Ni commander, ni obéir », voilà, telle que nous la rappelle Emmanuel Terray, la définition grecque de la liberté, dans ce nouveau contexte où « le discours devient l'instrument privilégié et quasi exclusif de l'action politique[8] ». Symétrie de la parole, celle de l'un vaut celle de l'autre dans le grand jeu de l'échange policé. Égalité et horizontalité

---

5. Ch Benoit, *Essai historique sur les premiers manuels d'invention oratoire jusqu'à Aristote*, 1846, Vrin reprise, Paris, 1983, p. 9

6. Jean-Pierre Vernant, *op. cit.*, p. 45

7. *Ibid.*, p. 34

8. Emmanuel Terray, « Égalité des anciens, égalité des modernes », *Les Grecs, les Romains et nous, l'Antiquité est-elle moderne ?*, textes réunis par Roger-Pol Droit, Le Monde Éditions, Paris, 1991, p. 148

des individus : ces deux piliers du nouvel ordre démocratique ne vont pas d'eux-mêmes, il faut encore les construire.

Au constat des inégalités naturelles (physiques, sociales, intellectuelles) les Grecs vont opposer cette extraordinaire trouvaille qui consiste « à découper, à l'intérieur du champ social, un espace du politique ; à laisser jouer, à l'extérieur des limites de cet espace, les inégalités de toute nature ; et, au contraire, à les considérer comme nulles et non avenues à l'intérieur de ces limites[9] ». L'égalité de la parole est ainsi assurée à l'intérieur d'un même espace commun.

La démocratie s'identifie dès lors si fortement avec l'exercice de la parole que, lorsque celui-ci recule ou est entravé, c'est la démocratie qui est menacée comme système politique. Ayant ainsi libéré la parole, les Grecs se rendirent compte qu'ils n'avaient pas pour autant purgé de toute violence le nouvel espace public ainsi inauguré. Celle-ci fait en effet retour au sein même de la parole, alternative à la violence physique, certes, mais pas à la violence symbolique qui peut encore s'exercer en son sein. Démagogues, manipulateurs, sorciers du verbe envahissent l'espace public.

Une parade est provisoirement trouvée, c'est l'institution de l'ostracisme, véritable mesure de sauvegarde publique contre la capacité d'influence de la parole. La procédure d'ostracisme, créée par Clisthène en 487 av. J.-C., est conçue comme une mesure de défense de la cité par rapport à des personnages qui deviendraient trop influents et dont la parole, donc, en viendrait à peser plus lourd que celle des autres citoyens, déséquilibrant ainsi gravement le fonctionnement de l'espace

9. *Ibid.*, p. 147

public. Cette mesure, qui consiste à écarter une personne de la cité pendant dix ans, n'est pas considérée comme une punition (la personne garde ses biens, ses droits civiques sont simplement suspendus). Elle est même, d'un certain point de vue, un hommage rendu.

Le fantôme de la parole démocratique

L'invention de la démocratie va marquer en profondeur l'évolution ultérieure de la civilisation. Tout se passe, dans la suite de l'histoire, comme si les forces du convaincre avaient été libérées et que nul régime politique, même le plus foncièrement antidémocratique, ne puisse s'empêcher d'y faire référence et de la mettre en scène d'une façon ou d'une autre. L'Occident a connu, depuis l'invention grecque, de nombreux retours en arrière du point de vue de la démocratie, mais le fantôme de la parole a toujours hanté de sa présence les couloirs des pires dictatures.

Après au moins six siècles de démocratie, en Grèce, puis à Rome, un formidable retour en arrière s'opère, sous la forme de l'empire. Les dictatures qui vont dès lors se succéder vont faire peser une main de fer sur des citoyens pourtant habitués depuis des générations à débattre ensemble de leur destin commun. La parole va dès lors connaître de profondes métamorphoses. Tacite, vers 80 de notre ère, remarque que le passage de la république à l'empire s'accompagne de discours de plus en plus courts : « L'éloquence, dit-il, se cultivait mieux dans le forum d'autrefois, où l'on n'était pas obligé de faire tenir sa plaidoirie en très peu d'heures, [...] où chacun fixait lui-même la durée de son discours [10]. » Ce

10. Tacite, *Le Dialogue des orateurs*, Les Belles Lettres, Paris, 1985, XXXVIII.

rétrécissement du format de la parole correspond également à la naissance d'un nouveau genre : la littérature, dans laquelle se réfugient tous les anciens rhéteurs désormais privés de débouchés pour leur savoir-faire. L'oral bascule au profit de l'écrit.

Reprenant ce constat de Tacite, Guy Achard souligne combien, « avec un chef unique, il n'y a plus guère de place pour le verbe [11] ». Comme il n'y a plus de débats politiques et que les institutions démocratiques sont vidées de leur contenu, « l'art de la parole ne peut que se modifier, s'adapter. L'hypocrisie, l'insinuation, envahissent les échanges [...] on se réfugie souvent dans les phrases vagues, les mots indéfinis, les amphibologies, les litotes, les maximes générales, qui évitent une application du discours à la situation présente. On est prudent, cauteleux même. On multiplie les flatteries au Prince, les silences habiles, les insistances calculées [...] les maîtres du discours oblique sont les délateurs, qui font florès sous Tibère, Caligula, Néron, Domitien... Ils n'hésitent pas non seulement à rapporter, mais aussi à mentir, à produire de faux témoignages. Les gens doués de franchise [...] détonnent et sont remarqués [12] ».

La parole devient, sous l'Empire, manipulation. Mais ce nouveau statut montre que, malgré ce retour à une sorte d'ancien régime, les sociétés sont poursuivies par le fantôme démocratique. Un pas décisif a été franchi et, dans la mémoire collective, la parole s'est inscrite comme référence incontournable. La rupture démocratique, qui fait de toute parole l'égale d'une autre, servira dans l'histoire de référence souterraine aux peuples qui en sont privés.

---

11. Guy ACHARD, *La Communication à Rome*, Payot, Paris, 1994, p. 220.
12. *Ibid.*, p. 222 et 223.

Tyrannie et manipulation

La manipulation de la parole et sa systématisation ultérieure, notamment tout au long du XXe siècle, sont le produit d'une tension entre la potentialité immense qu'elle a ouverte et l'impossiblité temporaire de son déploiement sous une forme démocratique. L'institution de la manipulation provient du constat que les peuples, même sous le joug d'un tyran, veulent encore être convaincus. C'est ce que Jacques Ellul avait souligné en remarquant, à contre-courant de l'époque, que le peuple allemand avait voulu et souhaité, d'une certaine manière, être manipulé par la propagande.

La différence avec les régimes qui organisaient la vie sociale et politique avant l'invention de la démocratie est essentielle. Leur légitimité était construite au sein d'une croyance qui associait le mythe, une vision du monde inégalitaire et l'exercice d'une violence physique, au sein d'une représentation du monde globale, sans distinction de niveau. Il ne s'agissait pas à proprement parler de tyrannies (ce qui n'excluait pas répression et cruauté). Seule la démocratie fait exister, en creux, la tyrannie où la parole reste présente, mais distordue, dans des procédures manipulatoires et propagandistes.

La légitimité des tyrannies qui succèdent par cycle à la découverte démocratique se construira désormais sur terre et non plus dans les cieux, et il n'est pas jusqu'au plus cruel dictateur qui n'ait eu besoin d'obtenir, même contre leur gré, l'assentiment de ses victimes. L'Empire romain invente ainsi les formes de la propagande moderne comme succédanés de cette parole démocratique disparue dans les faits, mais pas dans la mémoire et dans l'imaginaire.

L'Empire utilise « pour la première fois », nous rappelle Jacques Ellul, « l'information comme moyen de propagande[13]». À partir d'Auguste, le culte de l'empereur s'organise. Velleius Paterculus, inaugurant ainsi une longue lignée d'historiens soumis au prince, écrit une «histoire» destinée à montrer que le mouvement universel des événements conduit à Tibère, qui en est le couronnement. Celle-ci, d'après Ellul, mélange très habilement des interprétations plausibles et des insinuations de type propagandiste. Au bilan, on trouve peu de répression physique mais beaucoup de pressions psychologiques. La violence symbolique exercée *via* la parole et ses manipulations remplace la violence physique qui laisse intactes les âmes.

La suite de l'histoire occidentale montre la fascination qu'exerce pour longtemps le souvenir d'une parole libre et d'un modèle de société, certes idéalisé, où elle constitue le fondement du lien social. L'Ancien Régime sera miné, jusqu'à la Révolution, par le fantôme de cette liberté qui hante Saint-Just lorsqu'il s'écrie que «le monde est vide depuis les Romains ; et leur mémoire le remplit et prophétise encore la liberté», ou Chateaubriand, qui soutient que «notre révolution a été produite en partie par des gens de lettres qui, plus habitants de Rome et d'Athènes que de leur pays, ont cherché à ramener dans l'Europe les mœurs antiques». La révolution, rappelle François Hartog, «conformément au sens encore habituel du mot y est présentée comme un retour : [...] faire revenir l'Antiquité[14]».

Le schisme religieux majeur qui fracture l'Occident avec l'apparition de la Réforme, puis de la Contre-

13. Jacques ELLUL, Histoire de la propagande, PUF, «Que sais-je ?», PUF, 1967, p. 26

14. François HARTOG, «Liberté des anciens, liberté des modernes : la Révolution française et l'Antiquité», in *Les Grecs, les Romains et nous, l'Antiquité est-elle moderne ?, op. cit.*, p. 119-138.

Réforme, va lui aussi mobiliser massivement les ressources de la parole. Les guerres de Religion, aspect le plus souvent mis en avant, ne sont que le moment d'un cycle qui contient tout aussi massivement le recours à toutes les techniques du convaincre. Le terme « propagande » est inventé à l'occasion (sans qu'il ait le sens péjoratif qu'il a aujourd'hui). Le pape Grégoire XV, à la fin du XVIIe siècle, réunit une congrégation « pour la propagation de la foi » *(de propaganda fide)* qui donnera son nom à l'entreprise consistant à faire flèche de tout bois pour convaincre mais aussi pour réprimer la parole par la censure.

Le schisme au sein de la chrétienté révèle une donnée essentielle : chaque personne, chaque chrétien en l'occurrence, est le destinataire potentiel d'un discours qui peut le transformer soit en protestant, soit en catholique. Le prêche en chaire ou sur la place publique redevient un instrument essentiel de conviction dans toutes les situations où l'on ne peut pas contraindre par la force ou par la torture quelqu'un à adopter telle ou telle foi. Chacun est l'objet d'une attention renouvelée, comme auditeur d'une parole dont on s'attend à ce qu'elle ait un effet.

Le XXe siècle ou le régime du convaincre

La volonté de convaincre ne quittera plus désormais les sociétés modernes et plus s'accéléreront les grandes mutations de valeurs marquant le XIXe et le XXe siècle, plus le rôle de la parole s'accroîtra. La modernité qui s'instaure au tournant du siècle verra de ce point de vue les plus grands contrastes s'offrir au regard, de la constitution d'espaces publics démocratiques où la parole circule sans contrainte aux régimes totalitaires qui porteront la parole à son point d'incandescence manipulatoire le plus élevé. Si la parole pour convaincre étend ainsi son emprise, c'est que les idées à défendre ne manquent pas et que s'affrontent représentations du monde et projets de changements sociaux avec une diversité sans précédent dans l'histoire de l'humanité.

Comme le remarque George Steiner, alors que le XIXe siècle est le moment de production des grandes idéologies, le siècle suivant sera celui de leur affrontement[15]. Le combat est acharné entre plusieurs grandes visions du monde et de son avenir. Il n'est pas inutile de rappeler quelques-unes des grandes lignes de fracture qui parcourent le siècle : par exemple, entre le marxisme et les différentes théories libérales, entre la morale religieuse et la morale laïque, entre le nationalisme et l'internationalisme, entre le fascisme, le nazisme et les grandes démocraties, entre l'humanisme et le racisme, entre la science et la religion, entre les conservateurs et les novateurs.

L'enjeu, d'abord circonscrit à l'Occident, devient rapidement mondial, accélérant ainsi le processus décrit par Serge Latouche d'« occidentalisation du monde[16] ». La terre entière devient un champ de bataille d'idées où sera mobilisé tout l'arsenal des ressources utilisées pour convaincre, rallier à sa cause, tenter éventuellement d'imposer son point de vue par la force guerrière ou la manipulation psychologique.

---

15. George STEINER, *Dans le château de Barbe-Bleue*, Gallimard, « Folio essai », Paris, 1973.

16. Serge LATOUCHE, *L'Occidentalisation du monde*, La Découverte, Paris, 1988.

Les convaincus et les autres

Le monde moderne se divise en deux. Ceux qui ont une cause à défendre et qui mettent tout en œuvre pour convaincre, et ceux qui – sans pour autant qu'ils n'aient pas d'opinions – constituent un public à gagner. Le siècle qui s'inaugure en 1914 est bien celui des masses en mouvement, non pas tant comme magma informe ou foules soumises que comme multitude d'individus demandant à participer, souhaitant être convaincus, et convaincre à leur tour, pour prendre leur place dans les mouvements de civilisation qui s'annoncent. Comme au temps de la Réforme et de la Contre-Réforme, où chaque chrétien était l'objet d'une entreprise de persuasion et « client » potentiel des prédicateurs catholiques ou protestants, les publics du XXe siècle sont l'objet d'une attention soutenue de tous ceux qui veulent les faire basculer dans un camp ou dans un autre.

Des points de vue sur le monde défendus au début par un seul individu enflamment quelques années plus tard des foules entières, mobilisent des pays et bouleversent des continents. Du *Manifeste* de Karl Marx, simple livre écrit sur un coin de table par un jeune intellectuel bourgeois, aux foules immenses et convaincues prêtes à mourir pour le socialisme universel, il y a là toute la montée d'une formidable entreprise de conviction, relayée par de multiples orateurs. Elle s'appuie certes sur les frustrations et les espoirs des classes populaires et sur une tradition révolutionnaire plus ancienne. Elle n'en constitue pas moins un cas révélateur des possibilités de conversions massives dont l'argumentation et la persuasion sont porteuses, dans des situations complexes, non réductibles à la simple « propagande ».

La force de la parole

Sur un tout autre plan, on n'oubliera pas que les propos enfumés d'un apprenti dictateur, raciste et frustré, jeté en prison après une émeute locale assez dérisoire à Munich, finissent par convaincre une majorité d'Allemands de semer la violence et la mort sur toute une grande partie de l'Europe et du monde. On n'ignorera pas, dans cette perspective, que l'accession au pouvoir de Hitler s'est faite par des voies électorales et par l'obtention d'une majorité d'élus. Le rôle de la parole pour convaincre a été essentiel à cette occasion, même si les mesures de répression et l'usage de la violence physique n'ont pas été négligeables. Le fantôme de la démocratie va planer encore longtemps sur ce régime qui consacrera beaucoup d'énergie à convaincre les gens, bien après la prise du pouvoir, de la légitimité de ses actions.

Daniel Jonah Goldhagen commence son ouvrage sur « les bourreaux volontaires de Hitler [17] » (nous reviendrons plus loin dans ce livre sur ses thèses, compte tenu de l'importance qu'elles ont dans l'analyse de la parole manipulatrice) par le rappel de la capacité qu'avaient les nombreux acteurs du génocide de refuser les ordres, « même les ordres de tuer [18] ». C'est bien parce qu'ils avaient été convaincus, au fond d'eux-mêmes, par l'influence d'une parole extérieure, de la légitimité de tels actes, qu'ils ont pu, sans se faire violence, faire violence à autrui. C'est en cela, peut-être, que ce génocide ne peut en rien être comparé avec les innombrables meurtres de masse commis au sein de sociétés qui ne sont pas habitées par le fantôme de la démocratie.

---

17. Daniel Jonah GOLDHAGEN, *op. cit.*
18. *Ibid.*, p. 12

La guerre froide : une affaire d'idéal

La guerre froide, à partir de 1949, constitue, à l'échelle cette fois-ci de la planète tout entière, un vaste champ de bataille où l'enjeu des convaincus est de persuader ceux qui restent à convaincre, et ils sont légion, notamment dans les pays périphériques, ceux du tiers monde. L'enjeu n'est pas toujours de convaincre les masses, surtout dans les pays où celles-ci sont sous la coupe d'une minorité, mais bien les élites, qu'il faut à tout prix rallier à tel ou tel camp.

Il nous faut renoncer dans cette perspective à un point de vue cynique, qui ramènerait tout au « pouvoir » et à l'usage de la répression physique, à l'idée par exemple que l'URSS était un vaste goulag où une poignée de commissaires politiques tenaient dans une main de fer un peuple totalement hostile au régime. L'URSS a éclaté, non pas par la faute de Gorbatchev, qui tenta de dresser un dernier rempart idéologique contre la poussée du libéralisme, mais parce que le régime n'avait plus le soutien des très fortes minorités de convaincus communistes qui l'ont porté pendant longtemps avec enthousiasme, au nom d'une croyance partagée en un idéal. L'idée communiste finira par perdre sa force de conviction et rien dès lors ne pourra plus arrêter le mouvement de décomposition de la société soviétique.

On sous-estime toujours le fait que, sans un minimum de conviction des opinions publiques, aucun régime, même le plus dictatorial, ne tient longtemps en place. Le fantôme de la démocratie a d'autant plus plané sur les régimes communistes que ceux-ci faisaient référence à l'idéal originel marxiste de faire faire à la démocratie un saut qualitatif pour aboutir à un véritable régime égalitaire, qui n'est pas sans rappeler, au moins par certains aspects, l'idéal grec d'une société égalitaire.

La fin du millénaire : de féroces luttes d'idées

La fin de la guerre froide n'a pas vu, comme certains le prétendent encore, la fin des affrontements d'idées à grande échelle. Les enjeux changent de nature mais n'en restent pas moins des éléments dynamiques qui mobilisent tout autant la parole pour convaincre. Ainsi, une vaste entreprise est aujourd'hui à l'œuvre pour persuader les foules mondiales de l'intérêt qu'il y aurait à étendre le secteur marchand à tous les secteurs de la société et à se débarrasser le plus possible de toutes les structures de régulation collective qui ne relèveraient pas de ce secteur, et en premier lieu de l'État.

Le combat du libéralisme

Bien qu'elle soit en partie invisible – c'est souvent le cas des enjeux idéologiques les plus forts –, cette bataille intense, en profondeur, mobilisant des systèmes de valeurs et des réseaux de représentations mentales vastes et variés, est menée actuellement à l'échelle planétaire. Même si, sur un plan économique, les pratiques sont gagnées par le libéralisme, les esprits n'y sont pas, et de loin, acquis.

Or la vraie bataille, celle qui permet à terme que s'actualisent toutes les potentialités d'une idéologie, ne se joue pas tant dans les pratiques, que l'on peut toujours imposer, mais dans les consciences qu'il faut gagner par la conviction, qui utilise aussi les ressources, plus subtiles, de la manipulation et de la propagande.

L'immense entreprise de conviction mise en œuvre par les tenants du libéralisme suscite des résistances d'autant plus intéressantes à observer que celles-ci n'ont justement rien d'autre à opposer... qu'une résistance. Le libéralisme est aujourd'hui la seule idéologie susceptible d'être l'objet cohérent d'une entreprise de conviction et il n'y a guère de système de pensée, de représentation du monde, sans parler d'une théorie politique, susceptible de constituer une nouveauté, un espoir, au moins une alternative dans le débat.

Il n'empêche que sa progression n'est pas aisée dans les esprits et qu'il n'y a, à l'heure actuelle, qu'une minorité de convaincus de son bien-fondé. D'où les formes très particulières que prend cette entreprise de conviction et le fait que les formes du débat soient radicalement différentes de ce qu'elles étaient au début du siècle ou pendant la guerre froide. C'est dans cette perspective que les tenants du libéralisme utilisent la démocratie et ses formidables capacités à mettre en scène la parole pour convaincre, alors même que la démocratie politique n'est pas nécessaire à l'instauration d'une société régie par les lois du marché. Celles-ci s'accommodent en effet fort bien, dans d'autres contextes, de systèmes dictatoriaux.

Les nouveaux messianismes

Parallèlement à cette formidable bataille, dont nul ne peut prévoir l'issue, on assiste à la montée de nouveaux messianismes, qu'ils soient à base spécifiquement religieuse, ou qu'ils se servent d'autres supports, comme par exemple l'espoir mis dans les nouvelles technologies, en particulier de communication, pour promouvoir une nouvelle « révolution », celle de l'information.

Nous avons assisté dans ce domaine, depuis la période de l'après-guerre, à la mise en place d'un argumentaire extrêmement serré, partant d'une représentation du monde accordant une place centrale à la communication. De nombreux théoriciens, d'abord dans la cybernétique, puis dans l'informatique, aujourd'hui dans les « nouvelles technologies de communication », ont justifié la nécessité de construire un nouveau monde : la

« société de l'information ». Ils ont construit un discours d'accompagnement des nouvelles technologies dont le contenu est éminemment politique et idéologique, comme l'ont souligné assez tôt plusieurs auteurs, notamment Lucien Sfez [19].

Cette « nouvelle frontière » a ses pionniers, ses militants, ses convaincus, ses revues, ses congrès, bref tout un attirail qui, s'il renouvelle la forme de l'entreprise de convaincre, en garde fondamentalement les caractéristiques essentielles. Les convergences actuelles, après des décennies d'opposition idéologique entre ce messianisme technologique et le courant porteur du libéralisme, constituent un des changements les plus importants en train de se dérouler sous nos yeux sur le plan politique, même s'il n'est pas très visible [20]. Il est en tout cas mal connu pour l'instant, car peu de spécialistes disposent des catégories nouvelles pour l'aborder.

Dans un autre domaine, plus connu, celui de la religion, on voit l'intégrisme, les intégrismes, partis pratiquement de rien il y a quelques années, monter aujourd'hui à l'assaut des consciences musulmanes, juives, chrétiennes ou hindouistes. Leur succès est aussi lié au fait qu'ils rendent, bien provisoirement certes, une dignité à ceux à qui ces messages enflammés s'adressent. Ceux qui n'ont rien, ceux qui sont méprisés, ceux à qui plus personne ne s'adressait se trouvent de nouveau en posture d'être des « personnes susceptibles d'être convaincues ». La manipulation de la parole, là comme ailleurs, progresse en instaurant d'abord un renouveau de la parole.

On se tromperait sur le fond du problème si l'on ne voyait dans l'intégrisme aujourd'hui qu'un simple mou-

---

19. Lucien Sfez, *Critique de la communication*, Seuil, 1988.

20. Voir notre article « Faut-il appliquer le principe de laïcité à Internet ?, revue *Terminal,* été-automne 1996.

vement de fanatisation irrationnel et magique. Celui-ci utilise au contraire toutes les ressources du convaincre, tous les médias qui permettent de faire circuler efficacement les messages de propagande, des cassettes audio aux serveurs sur Internet. Les intégristes juifs du mouvement des Loubavitch, par exemple, sont passés maîtres dans l'art de manier les nouvelles technologies. De la même façon, les islamistes savent faire circuler avec beaucoup d'habileté leurs messages en dehors des circuits médiatiques habituels.

Aux nouveaux messianismes, évoqués plus haut, s'ajoutent les tentatives de renouveau identitaire, qui visent à dissoudre l'idée de citoyenneté et à la remplacer par une appartenance « ethnique » toujours fantasmée. L'« identité » est souvent inventée de toutes pièces, parfois même consciemment, en vue de construire des « communautés argumentatives » le plus souvent excluantes. Certains cherchent aujourd'hui à nous convaincre que l'on est *d'abord* serbe ou breton, latino-américain ou juif, celte ou basque, et cela dans tous les pays qui avaient pourtant construit, pour reprendre l'expression de Dominique Schnapper, une « communauté de citoyens ».

Dans cette revue des « causes à défendre » qui montrent l'Empire du convaincre sur nos sociétés, il ne faut pas oublier les sectes qui fleurissent partout (et pas uniquement là où les médias les voient). Leur existence et leur capacité d'influence posent un redoutable problème, car elles montrent que les capacités de persuasion sont parfois sans limite. Comment réussit-on, en effet, à convaincre des personnes normalement insérées dans la société, travaillant par exemple dans le domaine des nouvelles technologies de communication, pas plus mais pas moins déséquilibrées que la moyenne d'entre nous, qu'un vaisseau spatial, caché derrière la comète Hale-Bopp, les attend pour les emmener, à condition qu'ils se suicident au préalable ? Les ressources du convaincre seraient-elles infinies, au-delà de la mort ?

Le renouveau de l'extrême droite

Enfin, comment ne pas évoquer, dans le cadre de ce tableau des entreprises modernes du convaincre, le renouveau de l'extrême droite, sous une forme « classique » en Europe, sous d'autres formes aux États-Unis avec les mouvements de « miliciens », sous une forme religieuse par exemple en Israël.

La propagande de l'extrême droite, pour l'instant assez largement tolérée au sein des régimes démocratiques qui l'accueillent, se développe universellement autour de deux thèmes. Le premier est la remise en cause de la démocratie. En Autriche, en France, en Belgique, aux États-Unis, les militants de ces partis se livrent, ne l'oublions pas, à d'intenses campagnes visant à rallier à leur cause un électorat chancelant dans sa croyance aux valeurs démocratiques. Le second thème est, là aussi universellement, la mise en scène de l'étranger comme source de corruption d'une communauté nationale ou ethnique. Cette mise en scène est généralement faite sous la forme « éliminationniste » (les problèmes cesseront quand les étrangers seront « retranchés » de la communauté qu'ils corrompent).

Une intense entreprise de conviction, mobilisant tous les moyens qu'offre la parole, est actuellement à l'œuvre dans ces deux directions. La progression rapide de l'extrême droite partout où elle réussit à implanter sa parole dans l'espace public se fait le plus souvent sur un fond de doute profond ou, pis, d'oubli des vertus de la démocratie, qu'on ne confondra pas forcément ici avec l'idéal des « droits de l'homme » ou celui, encore plus abstrait, de l'« humanisme ».

Paradoxalement, le seul idéal qui ne fait que très rarement l'objet d'une telle entreprise reste la démocratie, présente partout mais argumentée nulle part. Nous reviendrons sur les effets de ce paradoxe. Car la démocratie a cette faculté étrange, par la promotion qu'elle fait de la libération de la parole, de laisser place en son sein à autre chose qu'une « parole démocratique ». La parole, qui sert à convaincre de tant de causes, se prend rarement elle-même pour objet.

Un nouvel empire du convaincre : la publicité

Un nouveau chapitre du convaincre va s'ouvrir au XXe siècle et lui être, jusqu'à présent, spécifique : la mutation, dans les années vingt, de la réclame commerciale en publicité moderne, puis la rencontre, dans les années cinquante, de cette publicité avec les spécialistes des sciences du comportement et de la « recherche des motivations ». La cause première du développement de la publicité reste, pour Vance Packard, d'ordre économique : « Dès 1950, alors que la surproduction menaçait sur de nombreux fronts, les préoccupations des dirigeants industriels subirent une modification fondamentale. La production passa pour eux au second plan. Au lieu de penser à fabriquer, ils pensèrent à vendre[21]. »

Stuart Ewen souligne que déjà le problème se posait en des termes similaires dans les années vingt, quand « les notions de valeur d'usage ou de qualités mécaniques n'étaient plus des arguments suffisants pour écouler la marchandise au rythme imposé par la fabrication en séries. [Les arguments informatifs traditionnels] n'auraient pas changé l'attitude des clients potentiels envers la consommation de produits donnés.

21. Vance PACKARD, *op. cit.*, p. 24.

[...] Le propos des publicitaires, c'était de modifier et de contrôler notre économie mentale [...] les manuels publicitaires [...] accordèrent de plus en plus d'importance aux instincts [22] ».

Vance Packard cite un cas particulièrement exemplaire : « Une des erreurs les plus onéreuses fut commise par la société Chrysler, qui supposa que les gens achètent des automobiles d'une façon rationnelle [et] pensa qu'il fallait au public une voiture en harmonie avec l'époque, sans fioritures, solide et facile à garer... [Le marché s'effondra, Chrysler changea de stratégie et obtint] un des revirements commerciaux les plus spectaculaires de l'histoire [23] ».

De simple dispositif informationnel sur des produits de l'industrie, la publicité va devenir finalement une vaste région de l'Empire du convaincre. Chacun des produits de l'industrie ainsi promu, mais aussi les styles de vie qui les accompagnent, va devenir autant de « causes à défendre ». Pour embrasser cette réalité complexe, massive et multiforme, mieux vaut sans doute en avoir une approche assez large. La publicité, c'est la possibilité de diffuser dans l'espace public des messages de toute nature, commerciaux mais aussi politiques ou « sociétaux ». La publicité, dans le sens actuel, relève presque exclusivement du secteur marchand et la diffusion de ces messages en fait un objet à son tour commercial.

De quoi la publicité veut-elle nous convaincre ?

Qu'est-ce que la publicité ? Elle consiste dans le contrôle intégral par l'émetteur, d'un bout à l'autre de

---

22 Stuart EWEN, *Consciences sous influence*, Aubier, Res, Paris, 1983, p. 48.
23. Vance PACKARD, *op. cit.*, p. 21.

la chaîne communicationnelle, du message qu'il a produit. Pour ce faire, il « achète de l'espace » dans l'espace public, c'est-à-dire qu'il loue des supports d'affichage dans les rues ou des emplacements dans les journaux, à la radio ou à la télévision (et, depuis peu, sur les réseaux informatiques). La publicité consiste à créer des espaces médiatiques que l'émetteur puisse entièrement contrôler. Cela est vrai pour ce qui constitue l'essentiel de ce domaine, à savoir la publicité pour des marques commerciales, mais également pour la publicité politique ou gouvernementale, ou pour la publicité en faveur de grandes causes nationales ou humanitaires. La publicité ouvre la possibilité, dans un monde où les médias captent une bonne partie des circuits d'information, de faire parvenir directement un message de l'émetteur jusqu'au récepteur, sans qu'il y ait d'interposition du média.

Nous verrons que cette possibilité est en partie obérée par la division du travail, qui est très forte dans ce domaine. Une entreprise qui souhaite faire la promotion de l'un de ses produits fait en général appel à différents intermédiaires, chargés de le mettre en forme, de le diffuser, d'en analyser les retombées. Cette médiation n'est pas sans effet sur le message lui-même. Il n'en reste pas moins que la situation publicitaire est radicalement différente de la situation médiatique du point de vue du convaincre, car elle garantit une intégrité – au sens technique et non au sens moral – du message tout au long de sa production et de sa diffusion.

La publicité est un objet complexe qui ne se laisse pas approcher facilement. De notre point de vue, nous l'aborderons à travers deux questions : s'agit-il d'une entreprise de persuasion et de conviction ? De quoi le message publicitaire veut-il convaincre ?

L'huile Lesieur, le camembert Président, les couches Pampers ou le cachou Lajaunie sont devenus pour les

Français des produits familiers. Or ces marques sont parties de rien, elles aussi, mais, portées par des campagnes de persuasion massives, elles sont devenues un élément de notre imaginaire quotidien. Que dire de Coca-Cola et de Pepsi-Cola (voilà bien, typiquement, une fausse alternative), qui, comme en leur temps IBM et Apple, mènent l'un contre l'autre une bataille aux allures idéologiques visant à rallier à leur camp la masse des publics encore indécis ou prêts – encore mieux – à changer de camp ? Il semble assez clair que le message publicitaire a pour objet de convaincre. Comme nous le verrons au chapitre suivant, il utilise toutes les techniques mobilisables à cet effet. Ce point provoque peu de discussion. En revanche, la question de savoir de quoi le message publicitaire veut nous convaincre est plus complexe et aussi plus discutée.

Au premier niveau, la publicité informe. Certes, mais il ne se trouvera plus personne aujourd'hui pour soutenir qu'elle ne fait que cela. Informer n'est d'ailleurs pas son but, qui est d'influencer en vue de provoquer un comportement d'achat (ou, dans le cas de la publicité politique, de provoquer un vote, ou encore de provoquer un comportement comme arrêter de fumer, par exemple). L'information n'est qu'un moyen, parmi d'autres, de ce processus d'influence. Comme le remarque Jacques Blociszewski, « le lien logique entre le produit et le message n'a cessé de faiblir[24] ».

Au deuxième niveau, donc, la publicité influence et, pour ce faire, elle séduit, dramatise, spectacularise et, souvent, manipule. Elle rend le message agréable ou frappant. Bref, elle fait tout pour que le message lui-même rejaillisse sur le produit. Un message agréable ou

24. Jacques Blociszewski, « Publicité et manipulation sociale », *Le Monde diplomatique*, mars 1993.

attirant en lui-même suscitera une attraction pour le produit. Le cas limite de cette conception est bien illustré par le point de vue du publicitaire Oliviero Toscani (qui a en charge la campagne Benetton), lequel disjoint ce que dit le message du produit lui-même. Ainsi, il met en scène des images, souvent provocantes ou choquantes, qui n'ont aucun rapport avec le produit promu (on se souvient des images du baiser d'un prêtre avec une religieuse, d'un mourant atteint du sida ou de réfugiés albanais indésirables à Brindisi, dans le cadre d'une campagne pour les vêtements Benetton).

Y a-t-il un troisième niveau ? La publicité cherche-t-elle à convaincre d'autre chose que d'acheter un produit ? De nombreux auteurs soutiennent que oui, discernant, derrière le message, un autre message, plus général. Le meilleur essai dans ce domaine est sans doute l'ouvrage du sociologue américain Stuart Ewen [25]. Celui-ci analyse les débuts de la publicité moderne aux États-Unis, immédiatement après la Première Guerre mondiale et surtout dans les années vingt. Il montre comment la publicité façonne plus globalement les consciences : elle porte en elle-même l'apologie de la société de consommation et de la culture de masse.

Il cite notamment un auteur favorable au développement de la publicité, Frank Presbrey, qui déclare en 1929 que « c'est à l'extension des campagnes publicitaires à tout le pays qu'on a récemment attribué les progrès de l'unité nationale : elles apportent une similitude de vues qui, en dépit du mélange ethnique, est plus prononcée chez nous que dans les pays européens dont la population appartient à une même race et semblerait à tous égards plus facile à homogénéiser [26] » (la notion de race, on s'en doute, appartient au vocabulaire de l'époque).

---

25. Stuart EWEN, *op. cit.*
26 *Ibid.*, p. 53.

On voit donc, à travers cet exemple – et si l'interprétation de Presbrey est juste – que, la publicité peut avoir une influence plus globale. Le thème de l'« unité nationale », si présent aux États-Unis, confrontés dans les années vingt à des vagues d'immigration successives, serait sans doute remplacé aujourd'hui, si l'on en juge par la tonalité de la publicité actuelle, par l'affirmation du caractère multi-ethnique de la réalité sociale. En fait, la publicité pourrait bien s'appuyer sur une sensibilité dominante pour rendre plus légitimes les produits qu'elle propose. C'est là une des vieilles ressources du convaincre. Mais ce faisant, elle renforce cette sensibilité, fabriquant ainsi en quelque sorte du consensus. D'une façon plus générale, la publicité justifierait le système qui la fonde, celui de la consommation de masse au sein d'une économie libérale. Globalement, elle pourrait être considérée comme un acte militant en faveur du système, dont elle est par ailleurs un des piliers les plus essentiels.

Publicité, relations publiques, communication politique

La publicité ne se restreint pas au champ de la promotion d'objets manufacturés. Dès les années trente, apparaissent des conseillers en « relations publiques » qui proposent leurs services aux entreprises mais aussi aux hommes politiques. Ils constituent de véritables spécialistes chargés de « travailler » l'image globale d'une compagnie, d'une marque ou d'un dirigeant.

Les années cinquante verront la généralisation progressive de leurs méthodes au champ politique. « En quelques brèves années, remarque Vance Packard, dont l'apogée fut la campagne présidentielle de 1956, ils effectuèrent des changements spectaculaires dans les caractéristiques traditionnelles de la vie politique américaine[27]. » Quelques années plus tard, les spécialistes des relations publiques, devenus plus largement professionnels de la communication, prendront en charge à la fois la publicité externe de l'entreprise, mais également la « communication interne ». Ils s'emploieront à défricher de nouvelles causes à défendre. L'une des inventions les plus caractéristiques de cette véritable conquête de nouveaux marchés est la notion d'« image ». On parlera désormais de l'image d'une entreprise, d'une région, d'un homme politique, d'un produit. Chacun est précédé d'une sorte de double de lui-même, son « image ». La société de communication se présente comme un monde où ne communiquent finalement que les images des entités qui le composent. Cette image est conçue presque exclusivement en termes de cause à promouvoir. La construction de ces images devient une activité sociale à part entière, mobilisant toutes les ressources du convaincre et étendant par là même le territoire de l'argumentation, mais surtout de la manipulation, qui va se glisser dans le différentiel entre l'image et la réalité, celle-ci devant être « positivée » par l'image.

La construction de l'image, qui requiert ainsi force spécialistes, va se faire suivant les règles, largement perfectionnées, de la démagogie classique : s'adapter à ce qu'attend l'autre plutôt que d'assumer sa propre réalité. Les voies pour la technicisation de la parole sont ainsi largement ouvertes.

3

La technicisation de la parole

L'un des premiers changements introduits par la démocratie grecque, et dont nous assumons aujourd'hui directement l'héritage, consiste dans la domestication du langage, c'est-à-dire sa technicisation. L'institution d'une parole démocratique n'est pas le seul facteur de cette transformation. Le renoncement à la vengeance privée, peut-être l'une des plus importantes révolutions mentales et sociales de tous les temps, a pour corollaire l'institution d'un système judiciaire inédit, qui va à son tour avoir des conséquences déterminantes sur l'usage de la parole. La cité grecque, que nous avons imitée jusqu'à aujourd'hui sur ce point, institue des jurys, représentant le peuple tout entier, qui ont à charge de rendre la justice, c'est-à-dire d'exercer une vengeance publique. Un crime n'est plus en effet une seule insulte envers celui qui en a été victime. Tout l'équilibre de la communauté s'en trouve atteint et c'est à la cité, du moins à ses représentants, de réparer cet état de fait.

Ainsi, victimes et accusés sortent d'un face-à-face souvent meurtrier (et générateur de vendetta, vengeances et contre-vengeances) pour accepter la médiation d'un tiers devant lequel ils doivent s'expliquer. Vouloir la justice passe par convaincre les magistrats de la justesse de sa cause ou de l'inanité d'une accusation. L'argumentation devient un recours vital, même lorsque l'évidence semble indiquer la voie à suivre pour un jugement.

L'art de convaincre devenu technique

C'est dans ce contexte précis que va naître la rhétorique. Celle-ci est un savoir-faire nouveau, systématique, s'organisant bientôt en un corps de doctrine ramassé dans des manuels et instituant un rapport original au savoir : sa transmission au sein d'écoles où enseignent des maîtres en la matière, les rhéteurs.

L'invention de l'art de convaincre

Roland Barthes insiste sur le contexte judiciaire de la naissance de la rhétorique, vers 485 av. J.-C., en Sicile grecque [1]. D'emblée, celle-ci est prise dans une réflexion technique sur ce que veut dire « convaincre ». Le premier professeur de rhétorique, et d'une certaine façon son inventeur, Corax, rédige un manuel qui va se transmettre et servir de base à tous les rhéteurs qui suivront. À qui s'adresse-t-il ? Essentiellement aux logographes, qui font profession d'écrire les discours et les plaidoiries de ceux qui vont être confrontés à la justice. Le système judiciaire grec a ceci de particulier que le plaignant et les accusés doivent se présenter en personne et se défendre eux-mêmes devant les juges et les jurys populaires. L'appréciation de l'authenticité de leur cause en dépend.

Corax propose donc un ensemble de procédés de nature technique qui permettent d'argumenter d'une manière plus efficace devant les tribunaux. La rhétorique naît donc à la fois dans un contexte judiciaire et au cœur d'une réflexion sur les méthodes qui permettent de systématiser l'efficacité de la parole. Le manuel

1. Roland Barthes, « L'ancienne rhétorique », *Communications « Recherches rhétoriques »*, n° 16, Seuil, Paris, 1970.

rédigé par Corax – dont nous n'avons que des traces indirectes – est ainsi, selon Ch. Benoît, « un recueil d'artifices et d'expédients pour chacune des parties du discours, de formules de début et de précautions oratoires pour l'exorde, d'adresses pour arranger les faits de la narration à la cause, d'arguments spécieux et de mille moyens de détail pour la confirmation et la réfutation, l'accusation ou la défense[2] ». Ce traité d'« art oratoire » *(techné rhétoriké)* est, pour Olivier Reboul, un « recueil de préceptes pratiques, accompagnés d'exemples, à l'usage des justiciables[3] ».

Pour Corax, tout discours, s'il veut être convaincant, doit être organisé. Il invente l'ordre du discours rhétorique, avec, comme objectif, la maîtrise de la situation oratoire. L'orateur, que ce soit devant les juges ou devant les citoyens réunis en assemblée politique, doit d'abord, nous dit un texte ancien[4], chercher « à calmer par des paroles insinuantes et flatteuses l'agitation de l'assemblée ». Ce sera le rôle de l'exorde. Ensuite, « après avoir obtenu l'attention, il expose le sujet de la délibération, passe à la discussion, l'entremêle de digressions, qui confirment ses preuves ; enfin, dans la récapitulation ou conclusion, il résume ses motifs, et réunit toutes ses forces pour entraîner un auditoire déjà ébranlé ».

Ces quatre parties : l'exorde, la présentation des faits, la discussion et, pour conclure, la péroraison, constitueront après Corax une des normes techniques centrales du discours rhétorique. Elles sont encore aujourd'hui une norme observée assez systématiquement dans toute

2. Ch. Benoit, *Essai historique sur les premiers manuels d'invention oratoire jusqu'à Aristote*, 1846, Vrin reprise, Paris, 1983, p. 13.

3. Olivier Reboul, *Introduction à la rhétorique*, PUF, coll. « Premier cycle », Paris, 1991, p. 14.

4. Ch. Benoit, *op. cit.*, p. 14.

prise de parole ou texte écrit visant à défendre une opinion, même par ceux qui n'en connaissent pas explicitement les principes. On pourra se demander à ce sujet si Corax invente des normes qui finissent par devenir une sorte de référence obligée, ou si, bon observateur des situations convaincantes, il systématise cette observation. Ce n'est évidemment pas avec Corax que l'on se met à convaincre, mais celui-ci inaugure, et après lui tous les autres rhéteurs, une actualisation de ce qui était jusque-là un potentiel peut-être largement en friche, mais intimement contenu dans le langage humain.

Les hésitations de la première rhétorique

Pour bien comprendre comment fonctionnait cette première rhétorique, il faut en effet garder en mémoire le fait, apparemment surprenant pour nous aujourd'hui, qu'apprendre la rhétorique, c'était d'abord avoir son propre cahier de formules toutes faites, d'exordes préparés, qui n'attendaient que d'être servis dans telle et telle circonstances. Ainsi, comme le rappelle Reboul, on invente des « lieux » (terme qui donnera l'expression « lieu commun », qui sont des arguments types « qu'il suffisait d'apprendre par cœur pour les sortir à tel moment de la plaidoirie). Ainsi, dans l'exorde, commencer par dire qu'on n'est pas orateur, vanter le talent de l'adversaire, etc.[5] ». « C'est en effet surtout, ajoute Benoît, à se composer un cahier d'exordes et de péroraisons, que l'orateur athénien apportait le plus de soin : car manquer la péroraison, c'était compromettre le succès de tout le discours ; hésiter au début, c'était s'exposer à être précipité de la tribune par l'archer scythe[6] ».

---

5. Olivier REBOUL, *Introduction à la rhétorique*, *op. cit.*, p. 16.
6. Ch. BENOIT, *op. cit.*, p. 39.

On voit que cette première rhétorique se préoccupe surtout d'efficacité, d'abord judiciaire, ensuite politique. Elle constitue un formidable progrès dans la mesure où elle est une alternative possible à la violence des rapports sociaux, ou, ce qui revient au même, à la dictature d'un prince ou d'un empereur. Dans un cadre où il est convenu que la décision sortira de la discussion collective, et que cette décision sera bonne si elle est prise par la majorité, la rhétorique, comme outil du débat, prend tout son sens.

La question est alors de savoir ce qui fait qu'un discours peut être jugé convaincant. De nombreuses discussions vont tourner autour de cette question, toujours actuelle. Suffit-il qu'un discours soit bien ordonné, bien scandé, utilise des formules poétiques et bien tournées, comme ceux de Gorgias, pour qu'il soit convaincant ? Faut-il, pour convaincre, faire appel principalement aux sentiments, aux passions, comme le soutient Trasymaque, qui compose dans ce sens un « manuel de pathétique » ? Faut-il soutenir, comme Isocrate, que l'apprentissage mécanique des lieux et la grandiloquence sont à rejeter et que la rhétorique n'est acceptable qu'au service de causes honnêtes et nobles ? Faut-il rejeter la rhétorique en totalité, comme le souhaite Socrate ?

L'apport décisif d'Aristote

La réponse à ces questions va finalement être fournie par Aristote (384-322). Apparemment, le public commençait à être las de la mécanique sophistique, avec ses lieux préfabriqués, ses procédés et, pour tout dire, son cynisme au service du pouvoir. Certains sophistes n'avaient-ils pas prétendu, d'une part, qu'ils disposaient d'une technique si puissante qu'ils pouvaient défendre une cause ou son contraire et, d'autre part, que, de ce fait, il n'y avait pas de vérité et que tout était relatif ? Aristote va rompre avec ces « technologues ». À l'encontre des sophistes, il renoncera à l'illusion de la toute-puissance de la rhétorique. Celle-ci n'est qu'un outil à la portée limitée et « autant le juste usage en peut être utile, autant l'injuste peut en être dommageable[7] ». Cet outil consiste essentiellement dans la mise en œuvre d'un raisonnement, soit inductif, soit déductif. L'art de convaincre peut se détacher d'une rhétorique des passions et de l'expression, tout en mettant ces dernières à la disposition du raisonnement, en quelque sorte comme moyen d'appui.

Dans cet esprit, il se détache ainsi radicalement, et volontairement, de la rhétorique ancienne qui s'appuyait essentiellement sur les passions et sur les procédés propres à émouvoir, à séduire ou à inquiéter en vue de persuader. Il faut certes, selon Aristote, mettre en scène de telles passions, puisque l'orateur est humain et qu'il s'adresse à un public, mais elles sont au service du raisonnement argumentatif et non un moyen en soi.

Avec Aristote, la rhétorique devient une technique à part entière parce qu'elle est appuyée sur une éthique qui ne place pas l'efficacité au premier rang. Mais, derrière cet idéal philosophique, il faut discerner tout un continent de pratiques traversant le monde grec et le monde romain, qui placent, elles, l'efficacité comme seul et unique repère pour l'action. Démagogues, manipulateurs, séducteurs peuplent les couloirs des assemblées et les tribunes du forum. L'Empire, nous l'avons vu, fera naître d'autres catégories, les propagandistes, les conseillers du prince, les manipulateurs de l'histoire.

---

7. Aristote, *Rhétorique*, livre 1-1355, texte établi et traduit par Médéric Dufour, Les Belles Lettres, Paris, 1967.

Un clivage essentiel

Dès lors que la parole s'est transformée en technique pour convaincre, deux voies se sont ouvertes qui, malgré Aristote, semblent assez perméables l'une à l'autre : l'une continuera, jusqu'à aujourd'hui, à postuler la toute-puissance potentielle de la parole ainsi transformée en outil pour convaincre, l'autre suggère que l'usage de l'outil devrait être rapporté à une éthique spécifique, quitte à rompre avec la recherche systématique d'une efficacité, d'ailleurs souvent illusoire.

Aristote donne ainsi les termes de ce clivage en soulignant avec force que la fonction de la rhétorique n'est pas de persuader à tout prix « mais de voir les moyens de persuader que comporte chaque sujet[8] ». Cette partition en dit long sur les manipulations dont la parole est l'objet et qui auront toutes comme caractéristiques d'utiliser un détour par rapport au sujet lui-même, détour dont l'objectif est de convaincre à tout prix, en utilisant tous les moyens disponibles. Faut-il en effet chercher dans la cause elle-même ce qu'elle a de convaincant, ou faut-il avoir recours, par exemple, à des artifices de présentation ? Dans les deux cas, nous avons affaire à une démarche technique, mais là s'arrête la comparaison entre ce qui serait manipulatoire et ce qui ne le serait pas. La technicisation de la parole peut en effet s'appuyer, en amont, sur une éthique en même temps qu'une recherche d'efficacité, ou bien s'arc-bouter, en aval, sur la recherche d'une pure efficacité, quel qu'en soit le prix. Cette question, qui recouvre une alternative fondamentale, va contenir à elle seule tous les débats futurs sur la parole utilisée pour convaincre.

8. ARISTOTE, *op. cit.*

Le recours massif aux techniques de manipulation de la parole

De ce point de vue, le XXe siècle, dont nous avons souligné au chapitre précédent combien il était le « siècle du convaincre », se caractérise par un formidable développement des techniques manipulatoires et un brouillage systématique des frontières de la parole. On assiste au développement d'une nouvelle sophistique, sans comparaison, par les moyens dont elle dispose et l'étendue de son influence, avec ce que l'on avait connu dans le passé. Une relative anarchie prévalait jusque-là, favorisée par les aléas de la rhétorique, soumise à bien des séismes pendant ces deux millénaires. Dès 1914, c'est-à-dire à l'exacte aube du XXe siècle, les premières officines s'ouvrent, les premiers spécialistes se forment, dont l'objectif est de mettre au point des techniques de persuasion utilisables là où les moyens de convaincre habituels, raisonnables, de l'ordre de la discussion, ne fonctionnent pas. Ces techniques de manipulation de l'opinion seront rapidement connues sous le nom de « propagande » et de « désinformation ». Celles-ci ne sont pas nées, contrairement à la croyance parfois répandue, au sein des régimes dits « totalitaires ».

La désinformation

La désinformation est connue depuis longtemps, pourtant c'est le XXe siècle qui lui donnera, si l'on peut dire, son heure de gloire. On la trouve décrite dans un manuel de stratégie chinoise attribué à Sun Tsé, au moins un siècle avant notre ère[9]. Mais il faut attendre

9. SUN TSÉ, *L'Art de la guerre*, L'Impensé radical, Paris, 1978.

l'époque contemporaine pour que son emploi soit systématisé, au point que l'on crée des services spécialisés dans ce type d'action. Il faut renoncer à la représentation simpliste, construite le plus souvent *a posteriori*, selon laquelle ces méthodes associant le mensonge et la ruse sont l'apanage des régimes totalitaires. Il semble même qu'en la matière, sous réserve de bilan, les démocraties occidentales soient nettement plus prolifiques.

Le terme a subi, depuis quelques années, une modification dans son usage et sa signification. L'usage commun attribue aujourd'hui à la désinformation le sens d'information incorrecte ou tronquée, utilisée volontairement pour masquer les faits. Ce sens est un dérivé un peu affadi du terme originel qui sert à désigner une opération technique très précise.

La désinformation est en effet une action qui consiste à faire valider, par un récepteur que l'on veut intentionnellement tromper, une certaine description du réel favorable à l'émetteur, en la faisant passer pour une information sûre et vérifiée. Toute l'habileté technique de la désinformation tient justement dans le mécanisme qui permet de travestir une information fausse en une information « vraie » qui soit parfaitement crédible et qui oriente l'action de celui qui la reçoit dans un sens qui lui est défavorable. Il s'agit donc d'un jeu sur les apparences, qui nécessite une sûre compréhension de ce qu'est une information vraie, au moins aux yeux de l'auditoire.

Dans ce sens, il s'agit d'une activité de construction de signes de vérité qui sont autant de leurres pour celui qui les reçoit. La désinformation n'a de sens que comme procédure visant à convaincre un auditoire, dans un contexte où il pourrait en douter, de la réalité d'un fait donné. L'intention de la désinformation est délibérément trompeuse et elle est bien plus qu'une simple déformation d'une information.

Massivement et systématiquement utilisée pendant la Seconde Guerre mondiale, la désinformation sera également employée pendant la guerre froide. Chacun des camps, notamment les Américains et les Soviétiques, rejette sur l'autre la responsabilité d'utiliser de telles techniques pour tromper l'opinion. D'après Michel Heller[10], le mot apparaît en 1949 dans le *Dictionnaire de la langue russe* en un volume de S. Ojegov avec le sens d'« action d'induire en erreur au moyen d'une information mensongère » comme dans l'exemple de « la désinformation de l'opinion publique dans les pays capitalistes ». Le *Dictionnaire encyclopédique soviétique* en trois volumes de 1953 donne comme sens : « Information notoirement fausse ; procédé, moyen largement utilisé par la presse, la radio et les différents organes de propagande bourgeoise, dans le but d'induire l'opinion publique en erreur, de calomnier les partisans de la paix, de la démocratie et du socialisme, de promouvoir la politique d'agression de l'impérialisme. »

La désinformation peut être considérée, sous bien des aspects, comme une véritable « arme de guerre ». N'est-elle utilisée qu'en période de guerre ou de conflits armés ? Certainement pas. De multiples signes indiquent que cette technique est fréquemment employée, à tous les échelons, de la plus petite affaire à l'enjeu le plus important, dans les relations professionnelles ou dans le monde du commerce. La grande difficulté consiste à la repérer. Sa nature même en fait un outil puissant mais discret. Ceux qui y ont recours le clament rarement sur les toits, car ces méthodes n'ont pas bonne presse. Ceux qui en ont été victimes le taisent généralement. La désinformation est la technique de communication

10. « La "désinformation", moyen d'information », in *Politique internationale*, n° 10.

qui corrompt le plus sûrement la cause qu'elle entend défendre.

La naissance de la propagande

La propagande constitue un autre type de techniques de manipulation de la parole mises en œuvre de façon consciente et systématique. La propagande est plutôt née au sein des régimes démocratiques que des systèmes totalitaires. Jacques Ellul montre bien comment, lors de la Première Guerre mondiale, se met en place aux États-Unis une technicisation de la parole destinée à convaincre. Le CPI (Committee on Public Information), créé à cette occasion par le gouvernement, est « un organisme de propagande pure [...] chargé de maintenir le moral, d'accroître la capacité de la guerre psychologique, d'assurer la diffusion des idéaux américains à l'étranger, [...] dans tous les pays du monde, avec des moyens très divers et bien adaptés à chaque pays et circonstance [11] ».

Ellul rappelle qu'à cette occasion un véritable « mythe » fut créé de toutes pièces : « La croisade des démocraties pour une paix réalisant les droits de l'humanité ». L'efficacité et la perfection de ce « modèle d'organisation de la propagande », selon l'expression d'Ellul, tient à ce qu'« on y a conçu le service de propagande comme purement technique et séparé de la politique [12] ».

Contrairement à ce que l'on pourrait croire dans une conception associant trop étroitement manipulation de la parole et totalitarisme, les Alliés, aussi bien que les puissances de l'Axe, utiliseront pendant les deux conflits mondiaux les mêmes techniques visant à saper

11. Jacques Ellul, *op. cit.*, p. 110 et 111.
12. *Ibid.*, p. 111.

le moral des troupes adverses, mais aussi à convaincre les populations civiles de lâcher leurs gouvernants.

Le terme de propagande n'est devenu péjoratif que depuis peu. Pendant longtemps, en fait depuis son emploi pour la première fois dans le sens de « propagation d'une doctrine » en 1622, le terme décrit l'action de propager, en toute légitimité, des croyances religieuses ou, à partir de 1790, des idées politiques. La naissance du terme, on l'a vu, est attribuée généralement au pape Grégoire XV, qui institue le 22 juin 1622 la *Congregatio de propaganda fide* pour répandre la religion catholique et diriger toutes les missions. Par ellipse, on parlera désormais de propagande[13]. Le terme est repris dans le contexte de la Révolution française, où il désigne « l'action organisée en vue de répandre une opinion ou une doctrine politique ».

L'expression sera utilisée massivement tout au long du XXe siècle. De nombreux partis politiques, y compris démocratiques dans les valeurs qu'ils défendent, utiliseront constamment et systématiquement le terme propagande pour désigner la partie spécifique de leur action qui concerne la diffusion de leurs idées auprès du public. L'auteur le plus souvent cité pour avoir le premier et le plus en profondeur analysé les phénomènes propagandistes, dès 1938, Serge Tchakhotine, ne développe pas une conception péjorative de la propagande, bien au contraire. Il est curieux de constater à ce sujet que, dans la littérature actuelle consacrée à la propagande, on présente souvent son ouvrage *Le Viol des foules par la propagande politique* – peut-être aussi faute de l'avoir lu – comme un texte critique à l'égard

13. Article « Propagande », *Dictionnaire historique de la langue française*, p. 1649, Dictionnaires Le Robert, Paris, 1992.

de la propagande, alors que Serge Tchakholine ne se cache pas pour regretter que ses méthodes aient été insuffisamment utilisées « pour la bonne cause » démocratique.

Tchakhotine distingue entre la propagande au service du nazisme et la propagande au service de bonnes causes (la « propagande antiguerrière » par exemple[14]). Cet auteur soutiendra même que l'« on peut faire de la propagande dynamique, même violente, sans violer les principes moraux, base de la collectivité humaine[15] ».

Beaucoup d'organisations politiques ont, jusque dans les années soixante-dix, des « secrétariats à la propagande » des « responsables de la propagande », des « services de propagande », et certains emploient même, encore aujourd'hui, dans un sens positif. Ceux-ci, compte tenu de la signification péjorative qui s'attache progressivement à ce terme, vers la fin de la guerre froide et surtout après la chute du mur de Berlin, changeront toutefois d'appellation. Dans la plupart des cas, ces services deviennent soit des services d'« information », soit, le plus souvent, des « services de communication ».

La propagande a aujourd'hui pris un sens qui l'attache rétroactivement au domaine du politique. Cette représentation, comme nous le verrons, empêche de considérer que les méthodes de la propagande puissent être utilisées dans d'autres secteurs, comme la publicité par exemple. Il est troublant de constater que la propagande politique semble s'être inspirée de méthodes développées dans le domaine de la publicité. On notera dans cette perspective l'éclairante remarque faite par Tchakhotine, dès 1938 : « Les formes que prend la publi-

---

14. Serge Tchakhotine, *Le Viol des foules par la propagande politique*, Gallimard, Paris, 1952, p. 540.

15. *Ibid.*, p. 559.

cité présentent des variations infinies, parfois si inattendues et si ingénieuses qu'elles aussi inspirent souvent les propagandistes politiques. La publicité a atteint le maximum de son développement surtout en Amérique du Nord, où elle assume des proportions tout à fait extraordinaires : c'est la réclame à l'américaine, comme on dit. Il est curieux, mais d'ailleurs logique, de constater que, dans la lutte politique en Allemagne au printemps 1932, Goebbels, le manager propagandiste de Hitler, voulant impressionner le monde et, en "épatant le bourgeois", l'assujettir à ses fins, déclarait *urbi et orbi* qu'il allait employer dans sa propagande – pour l'élection de Hitler comme président de la République allemande – "des méthodes américaines et à l'échelle américaine"[16]. » La « transfusion » entre certaines formes de publicité et la propagande fonctionne bien dans les deux sens.

Le fonctionnement de la propagande

Jean-Marie Domenach définit la propagande comme une technique mettant en application cinq règles de mise en forme (la *simplification*, notamment par la personnification d'un ennemi unique, le *grossissement*, qui permet de défigurer les faits, l'*orchestration*, qui permet la répétition des messages ainsi simplifiés et défigurés, la *transfusion* qui permet de s'adapter aux différents publics, et enfin la *contagion,* en vue d'obtenir l'unanimité). On remarquera que cette manipulation, source d'efficacité propagandiste, est plus une déviation des règles ordinaires de la parole démocratique argumentative qu'une modalité radicalement différente du langage. Bien sûr, la déviation est essentielle et ceux qui

16. *Ibid.*, p. 130.

s'y adonnent franchissent la frontière séparant le discours pacifié du recours à la violence. Il n'en reste pas moins qu'il faut sans doute rompre avec la représentation du discours propagandiste comme une version diabolique du langage, dont les démocrates seraient indemnes.

Dans le domaine du politique, l'usage des techniques de propagande suppose que les publics qu'elles prennent pour cible aient le choix entre plusieurs doctrines ou systèmes d'idées. La propagande intervient toujours dans un contexte démocratique, ou, comme nous l'avons souligné plus haut, hanté par le fantôme de la démocratie. Comme le remarque l'auteur (non référencé) de l'article « Propagande » de l'*Encyclopaedia Universalis* : « C'est à partir du moment où la question du pouvoir est ouvertement posée, où sa figure n'est plus dissoute dans la représentation mythique ou religieuse d'un ordre du monde, que des méthodes spécifiques de conquête du consensus sont mises au point. En ce sens, l'origine de la propagande politique coïncide avec celle de la démocratie en Grèce[17]. »

Pour qu'il y ait propagande, en effet, il faut qu'il y ait une lutte d'idée et que l'avis du peuple compte. Dans un contexte où la pure coercition suffit, la propagande n'a pas de sens. Mais l'objectif de la propagande est bien de supprimer la possibilité de choix qui est au fondement de la démocratie. Elle va donc le faire en donnant l'illusion d'un accord entre le propagandiste et sa victime. Jacques Ellul souligne que l'existence de la propagande moderne est liée à une double prise de conscience, d'une part, de l'efficacité effective sur les foules de la mise en œuvre de techniques d'influence,

17. Article « Propagande » *Encyclopaedia Universalis*, Paris, 1995.

d'autre part, de l'importance de la psychologie dans le domaine du politique. La propagande, mais aussi de façon plus générale d'autres techniques de manipulation psychologique, peut donc être définie comme une méthode de présentation et de diffusion d'une opinion de telle manière que son récepteur croit être en accord avec elle et en même temps se trouve dans l'incapacité de faire un autre choix à son sujet.

La nécessité d'un inventaire

La mise en œuvre des techniques de propagande et, plus largement, de manipulation de l'opinion publique fait appel à un savoir qui se systématise tout au long du XXe siècle. Les ressources de la démagogie classique sont connues depuis l'Antiquité, mais, en ce siècle où les causes ne manquent pas, et les publics non plus, la recherche d'efficacité exige toujours plus. On associe souvent la propagande au fait que la période contemporaine serait devenue un « âge des foules », où la politique mobilise les « masses ». La propagande est souvent mise en rapport avec des phénomènes collectifs, où l'irrationalité des foules l'emporterait sur le libre arbitre dont l'individu serait, par nature, le support.

Un public trop éduqué

Nous préférons, quant à nous, mettre l'accent, pour comprendre les phénomènes de manipulation moderne de la parole, sur une dimension souvent peu mise en avant dans ce domaine. Le XXe siècle est surtout celui où la scolarisation, l'éducation, l'alphabétisation progressent, notamment dans tous les pays confrontés à ces entreprises de technicisation de la parole. C'est sans doute parce que la résistance est plus grande, parce que le public est plus et mieux informé, que les entreprises de conviction classiques marquent le pas. Nous ne sommes pas dans l'ère des foules mais bien dans l'époque où chacun, même l'ouvrier ou le paysan, commence à être en mesure d'apprécier le discours qu'on lui sert.

La tentation est grande, pour ceux qui veulent à tout prix l'emporter, convaincre, quel qu'en soit le prix, d'utiliser des moyens qui doivent être de ce fait d'autant plus sophistiqués. Le développement de la manipulation de la parole au XXe siècle est paradoxalement lié à l'élévation générale du niveau d'information et de connaissance du public. Le monde de la publicité en fera la dure expérience. Comme le souligne Vance Packard, « l'idée de faire appel au subconscient », c'est-à-dire d'utiliser de nouvelles techniques de persuasion, « est venue en grande partie des difficultés sans cesse rencontrées par les industriels à faire acheter par les Américains ce que leurs fabriques étaient capables de produire [18] ».

C'est bien parce que le public, d'une certaine façon, est *trop éduqué* pour les messages qu'on lui propose qu'il faut utiliser des méthodes dont la caractéristique va être de contourner cette éducation, de faire régresser l'individu vers un état où il sera plus malléable à l'influence.

Une continuité essentielle

Quelles sont les nouvelles techniques de manipulation utilisées aujourd'hui ? Y a-t-il véritablement une rupture entre celles qui viennent d'être décrites et les

18. Vance PACKARD, *op. cit.*, p. 17.

méthodes couramment répandues dans l'espace public aujourd'hui ? Un inventaire concret de ces pratiques s'impose. Comme nous allons le voir, une hypothèse s'affrime d'emblée, celle de la continuité des méthodes utilisées tout au long du XXe siècle, jusqu'à aujourd'hui. La formulation de cette hypothèse est rendue difficile par le fait que nous avons le plus grand mal à séparer les techniques proprement dites des valeurs et des causes qu'elles servent à défendre. Nous résistons donc à mettre sur le même plan la propagande fasciste et la propagande publicitaire. Elles n'ont rien à voir sur le plan des valeurs, mais il y a entre elles une communauté de techniques et, comme nous le verrons plus loin, une communauté d'effet à ce strict niveau. Il faut donc faire un effort d'analyse qui isole les techniques en tant que telles pour faire ressortir leur continuité.

Cette analyse de la manipulation part du principe qu'il s'agit d'un processus de communication. La plupart de ceux qui ont travaillé sur la propagande et la manipulation ont souligné l'importance de la dimension communicationnelle. Tout acte visant à convaincre, d'une façon générale, suppose un message, c'est-à-dire la mise en forme d'une opinion donnée. L'acte de convaincre n'est pas une information sur ce que pense l'orateur, c'est une mise en forme en vue de transformer le point de vue de l'auditoire, de rendre une opinion acceptable, alors qu'elle ne le serait pas autrement si elle était présentée de manière brute. Dans ce sens, la manipulation procède comme l'argumentation. La différence radicale tient cependant à la façon dont l'auditoire est traité, suivant qu'on le laisse le plus libre possible d'adhérer à ce qu'on lui propose, ou bien au contraire qu'on tente de l'y contraindre. La manipulation est une communication contraignante. En décrire le processus consiste à décrire les moyens de cette contrainte, indépendamment des causes ainsi promues.

Cette analyse passe par une typologie des actes manipulatoires. Celle présentée ci-après n'a pas de prétention à être exhaustive. Nous avons tenu à distinguer, dans ce classement provisoire des procédés manipulatoires, entre deux niveaux classiques. Le premier est celui des techniques qui visent à intervenir sur la forme du message, et qui jouent essentiellement sur des *affects*. Le second est celui des techniques qui constituent une intervention sur le fond du message, c'est-à-dire sur sa structure interne et sa dimension *cognitive*. Les unes font appel aux sentiments (séduction, esthétique, peur), les autres sont plus volontiers des trucages du raisonnement (cadrages déformés et amalgames).

L'importance des exemples

Avant de détailler les différents procédés manipulatoires que l'on peut recenser comme étant, hélas, les plus courants, un commentaire s'impose sur le choix des exemples qui vont être traités. L'objet de cette partie du travail est de montrer comment, techniquement, la manipulation fonctionne, indépendamment des causes qu'elle sert à promouvoir. Il nous faut cependant, c'est évident, prendre des exemples pour illustrer le propos, le rendre clair et, plus fondamentalement, parce que la manipulation s'exerce toujours dans la matière même dont on tire des exemples. Nous choisirons donc des exemples pris en général pour leur qualité d'appui du propos, qu'ils soient tirés de la réalité politique, notamment propagandiste, des messages publicitaires, des stages de psychothérapie ou d'« épanouissement personnel » grâce à l'apprentissage des « secrets de la communication ». Tout ici, du point de vue des causes, est mélangé.

Le lecteur devra donc prendre garde à l'effet d'amalgame involontaire qui pourrait découler de cette coprésence. Placer sur le même plan un exemple de recadrage manipulateur mettant en scène tel dirigeant d'extrême droite, un autre impliquant Alain Juppé et un troisième une publicité pour telle ou telle cigarette ne signifie évidemment pas qu'on leur suppose une communauté de valeur. Les causes qu'ils défendent ne sont en rien comparables, mais la technique, sur un énoncé précis, peut en revanche être commune. Lorsque nous analyserons l'effet des discours manipulatoires, nous chercherons également à faire la part entre l'effet produit par l'acceptation ainsi obtenue de force des valeurs et des causes et l'effet spécifique que provoque l'emploi de telles manipulations.

De plus, dans les faits, les actes manipulatoires sont très souvent des objets complexes, mettant en œuvre différents procédés. Toute tentative d'illustrer un procédé particulier se heurte le plus souvent à des exemples multiformes, qui échappent au désir pédagogique de s'en servir pour illustrer un seul trait particulier. L'exemple – et ceux qui seront choisis ici n'échappent pas à cette règle – est donc fragile sur le plan pédagogique car toujours trop puissant et trop large dans sa signification. Le lecteur voudra bien tenir compte de cette limitation. Pour illustrer cette complexité, on a choisi de consacrer un chapitre spécial à l'analyse d'un exemple dont la caractéristique est justement sa capacité à intégrer, dans un même message, différents procédés manipulatoires. On verra que, de ce fait, la situation créée est redoutable. Il sera difficile, après cela, de défendre l'idée que les pratiques de manipulation « relèvent du passé ».

4

La manipulation des affects

On associe souvent la manipulation avec toutes les méthodes consistant à intervenir émotivement, affectivement, sur la relation qui s'établit entre ceux qui veulent convaincre et leur public. On insiste, par exemple, sur le fait que la propagande est « irrationnelle », qu'elle joue sur les ressorts instinctuels, qu'elle mobilise le sentiment esthétique, donc plutôt les affects, que la rationalité des arguments. Il faut sans doute nuancer largement ce point de vue qui fonctionne sur une opposition, en forme de lieu commun, entre affects et rationalité.

On peut en effet manipuler autrement qu'en intervenant sur la relation. Le chapitre suivant est consacré à toutes les manipulations de la dimension cognitive du message. Les possibilités ouvertes par le trucage du contenu du message représentent, on le verra, un véritable continent. Il n'est donc pas possible de réduire la manipulation à la dimension « irrationnelle » ou « affective » de la communication. On ajoutera à cela que ce qui relève du sentiment, du charme, de l'esthétique ou de l'autorité, c'est-à-dire ce qui accompagne le message proprement dit, ou qui en constitue la présentation, n'est pas en soi forcément manipulatoire. L'appel aux valeurs, qui est un des ressorts de l'argumentation démocratique, mobilise les affects en profondeur. Les passions font partie du convaincre et on ne peut vouloir les expurger qu'au nom d'un rationalisme étroit qui confondrait convaincre et démontrer, raison argumentative et raisonnement scientifique. Il faut donc laisser une part aux passions. De plus, la mobilisation des affects pour présenter le message ne concerne pas uniquement la relation psychologique que celui qui veut convaincre va tenter d'instaurer, mais également la mise en forme, notamment esthétique, du message lui-même. On ne réduira donc pas la manipulation des sentiments uniquement à la dimension « relationnelle ».

Mobiliser les affects semble avoir pour objectif de conditionner l'auditoire de telle façon que celui-ci accepte le message sans discussion. Parce que l'homme est séduisant, ce qu'il dit serait convaincant. Une antique histoire grecque raconte qu'une femme cruelle et assassine, sans circonstance atténuante, obtint son acquittement du jury du simple fait d'avoir, en désespoir de cause, ôté sa tunique et montré son corps nu. Vingt-cinq siècles plus tard, pour la défense d'une autre cause, une affiche contre la guerre du Viêt-nam placardée sur les murs des campus américains représentait quatre jolies jeunes étudiantes sous la légende suivante : « Les filles qui disent oui aux garçons qui disent non (à la guerre)[1] ». Manipuler consiste bien à paralyser le jugement et à tout faire pour que le récepteur ouvre lui-même sa porte mentale à un contenu qu'il n'aurait pas approuvé autrement. Même la séduction est une violence, en vue d'obtenir une privation de liberté du public.

Il est très important, pour pouvoir se placer dans une posture de critique des procédés qui font par exemple appel à la séduction, et notamment au cortège quasi infini d'images, de personnages et de mannequins séduisants utilisés par la publicité, de bien faire la part

1. Cité par Richard BERNSTEIN, « Bill Clinton, le "président ado" », *Le Monde*, 7 novembre 1996, p. 16.

des choses. En soi, la séduction est un élément essentiel de l'activité humaine, mais sa finalité n'est-elle pas uniquement de séduire ? Utiliser la séduction pour convaincre ne correspond-il pas à un détournement en quelque sorte technique des sentiments ? Certains publicitaires disent parfois : « Que le monde serait triste sans les spectacles que nous offrons », et renvoient les critiques dans le camp des tristes sires moralistes. On jugera comme on veut, sur le plan des valeurs, la présence de femmes à demi nues ou de mannequins masculins sexuellement provocants dans l'espace public. Mais ce n'est pas au nom d'une condamnation, ou d'une approbation, de ce type de spectacle qu'un message sera jugé manipulatoire s'il utilise un tel ressort : il y a manipulation parce que la raison qui est donnée pour adhérer au message n'a rien à voir avec le contenu du message lui-même. C'est d'ailleurs comme cela que techniquement on la reconnaît.

On distinguera ici deux grandes catégories de mobilisation des affects : celle, assez classique, qui s'appuie sur le sentiment qu'espère inspirer le manipulateur, ou bien encore sur un amalgame entre une opinion et un sentiment qui n'a rien à voir avec elle, et celle, moins connue, qui utilise ce que l'on pourrait appeler l'« effet fusionnel ».

L'appel aux sentiments

Une fois que les publicitaires se furent débarrassés de l'idée, encombrante de leur point de vue, selon laquelle il s'agissait de produire des messages strictement informatifs pour promouvoir les produits qu'on leur confiait, l'un des premiers ressorts sur lequel ils jouèrent dans l'opinion fut la relation d'identification. Peu importe le produit, mais si celui-ci est utilisé par quelqu'un en qui on a confiance, ou, mieux, qui suscite l'envie, il devient désirable et on peut convaincre facilement de l'acheter. Ainsi, dès 1928, Carl A. Naether, spécialiste des réclames destinées aux femmes, dévoila la technique *ad hoc* : « Si une annonce montre une séduisante jeune fille en extase devant le splendide rang de perles qu'on vient de lui offrir, il y a gros à parier que les lectrices de l'annonce réagiront en ces termes : "Comme j'aimerais, *moi aussi*, décupler mon pouvoir de séduction grâce à ces perles"[2]. » Le mécanisme en jeu consiste à créer l'illusion que l'émetteur du message est dans le message ou est représenté dans le message. En l'occurrence, tout se passe comme si la « séduisante jeune fille » disait elle-même à l'auditoire : pour être comme moi, séduisante, achetez ce collier de perles.

L'idée est ici que l'autorité, au sens très large de l'émetteur, pèse sur l'auditoire, indépendamment du contenu du message, pour le rendre acceptable ou désirable. Ce que Lionel Bellanger appelle la « persuasion-séduction » est à l'œuvre « tant dans les relations interpersonnelles que dans la communication de masse, la publicité ou la politique[3] ». Le phénomène est devenu si courant, et d'une certaine façon si dissimulé en tant que procédé, que nous finissons par ne plus le voir, ce qui ne veut pas dire qu'il est sans effet.

Là où, dans les relations humaines, séduire relève de sa propre finalité, son usage stratégique dans l'action de convaincre relève systématiquement de la tromperie. Ce n'est plus plaire pour plaire, c'est plaire pour vendre, plaire pour emporter les suffrages de l'électeur, plaire pour commander. Il s'agit bien d'une stratégie

---

2. Cité par Stuart EWEN, *op. cit.*, p. 49.
3. Lionel BELLENGER, *op. cit.*, p. 75.

de détour. Bellenger insiste sur le fait que le séducteur s'adapte aux circonstances, c'est-à-dire à l'auditoire : « Le séducteur est celui qui fait ou dit au moment voulu ce qu'il faut : il fait preuve d'une totale obéissance à l'occasion... Le séducteur ressemble à tout ce qu'il approche[4]. »

La séduction démagogique

En politique, le prototype du séducteur est le démagogue, personnage déjà bien connu des Grecs anciens. Euripide décrit ainsi « celui qui est capable de s'adapter aux circonstances les plus déconcertantes, de prendre autant de visages qu'il y a de catégories sociales et d'espèces humaines dans la cité, d'inventer les mille tours qui rendront son action efficace dans les circonstances les plus variées[5] ». Le démagogue est celui qui veut convaincre qu'il est le bon candidat ou le bon titulaire du poste qu'il occupe. Pour cela, il va faire croire à l'auditoire, par différentes stratégies, qu'il pense comme lui. Mieux : s'adressant à plusieurs auditoires particuliers, il va faire croire à chacun d'eux qu'il pense comme eux.

Un des passages les plus cyniques du manuel de campagne électorale rédigé par Quintus Cicéron (le frère du fameux Cicéron) souligne la nécessité de développer « le sens de la flatterie, vice ignoble en toute autre circonstance, mais qui, dans une campagne, devient qualité indispensable [...] obligatoire pour un candidat dont le front, le visage et les discours doivent changer et s'adapter, selon ses idées et ses sentiments, à l'interlocuteur du moment[6] ».

---

4. *Ibid.*, p. 79 et 80.
5. Cité par Lionel BELLENGER, *op. cit.*, p. 51.
6. Quintus CICÉRON, *Petit Manuel de campagne électorale*, Arléa, Paris, 1996.

Le séducteur n'est pas un déducteur. Il n'affirme pas son point de vue propre, il se coule dans le point de vue d'autrui. Comme le dit joliment Bellenger, « séduire c'est mourir comme réalité et se produire comme leurre [7] ». Jean Baudrillard a insisté avec raison sur l'importance de la métamorphose dans l'acte de séduction. L'exercice démagogique implique une incroyable souplesse et, très souvent, passe par la construction d'un vocabulaire politique, ou commercial, suffisamment ambigu pour que les mêmes mots puissent se métamorphoser, en fonction de l'attente de chacun des auditoires qui les reçoivent. Ainsi le fameux « Français, je vous ai compris », prononcé en 1958 par le général de Gaulle devant la foule à Alger, signifiait bien plusieurs choses radicalement différentes pour les publics auxquels il s'adressait.

La séduction par le style

Une forme elle aussi très ancienne de séduction en vue de persuader autrui est l'usage du style comme écart par rapport au contenu. Un orateur qui parle bien a tendance a être plus convaincant, en quelque sorte sans raison. La manipulation commence quand son « bien parlé » se substitue à l'argument lui-même, dont il cesse d'être un accompagnement pour devenir l'élément central de la situation.

L'usage des « figures de style » littéraires est un des ressorts les plus fréquents de la manipulation. La « formule » se propose de convaincre alors qu'elle n'est qu'un ornement. De nombreux discours de l'extrême droite, outre d'autres éléments manipulatoires qui se combinent entre eux, ne sont formés que de figures de style, de

7. Lionel Bellenger, *op. cit.*, p. 79.

formules chocs, de mots d'esprit. Ainsi, dans un texte prototypique que nous avons analysé dans un précédent ouvrage[8], l'auteur, partisan des thèses d'extrême droite, ne développe, pour critiquer ce qu'il appelle l'« acharnement intégrationniste », que des figures de style sans contenu. Il oppose par exemple les « Français de cœur » aux « Français de ventre », qui « ont des papiers français mais n'ont ni le cœur ni l'âme ni l'esprit français » (et qu'il propose de raccompagner à la frontière). Le comble de ces procédés réside dans les formules, destinées à un certain public qui en apprécient le style, qui, tel le « Durafour-crématoire » d'un dirigeant de l'extrême droite française, véhicule, *via* le style, un message antisémite qui n'est, évidemment, jamais argumenté en tant que tel.

Les messages publicitaires utilisent à foison, non plus cette fois-ci uniquement avec des mots, mais le plus souvent avec des images, l'esthétisation du message en vue de le rendre, pour cette seule raison, crédible. Blanche Grunig, après avoir analysé un corpus de 1 400 slogans publicitaires, souligne que « nous ne nous méfions pas du réseau que tissent autour de nous des formes qui nous séduisent[9] ». L'auteur montre bien le caractère extrêmement « stylisé » des messages publicitaires, qui font appel à une esthétique des figures finalement assez classique.

Manipuler par la clarté

Le style relève de goûts changeant suivant les milieux sociaux et les périodes historiques. Depuis peu, une vingtaine d'années à peu près, un nouveau style de

---

8. Philippe Breton, *L'Argumentation dans la communication*, La Découverte, « Repères », Paris, 1996, p. 93 et sq.

9. Blanche Grunig, *Les Mots de la publicité, l'architecture du slogan*, Presses du CNRS, Paris, 1990, p. 8.

référence s'est imposé, qui fonctionne comme potentialité forte de manipulation du discours. On notera que ce style, porté par les médias de masse, tend aujourd'hui à s'universaliser. Sa caractéristique est de présenter le discours sur le registre de la clarté. Aujourd'hui, il faut « être clair », produire un discours « transparent », en chasser les « obscurités ». Cette clarté ne doit pas faire illusion : il s'agit bien d'un style relatif.

Or un discours qui convainc par sa clarté est un discours qui n'a pas convaincu par autre chose, c'est-à-dire les arguments qu'il propose. La clarté séduit. Elle donne l'illusion, justement, de s'être adaptée au public, qui n'a pas d'effort à faire pour accepter ce qu'on lui propose. La clarté du style n'est pas dans ce cas une pédagogie, mais bien une démagogie du discours. Là aussi, la manipulation commence quand la clarté n'est plus un simple accompagnement de l'argumentation, mais qu'elle s'y substitue.

La clarté va souvent de pair avec la brièveté, promue depuis peu au rang de style convaincant. Tacite, on l'a vu, en décrivant une autre période où le statut de la parole avait lui aussi changé en profondeur, avait noté que, sous l'Empire, tous les discours devenaient plus courts, là où, sous la République, orateurs et publics prenaient le temps de l'exposé et de la réflexion. En contrepoint, le directeur des relations publiques du Parti républicain déclara en 1956, période où la politique américaine est prise en main par les nouveaux spécialistes de la persuasion clandestine, que « l'ère des longs discours politiques était dépassée et que le Parti républicain adopterait des causeries rapides de cinq minutes [10] ». Le format court est devenu aujourd'hui un standard pour tout message qui se veut persuasif.

10. Vance PACKARD, *op. cit.*, p. 179.

L'esthétisation du message

Le style, lorsqu'il s'instaure comme procédé manipulatoire, n'est pas forcément littéraire. Il peut relever d'un genre qui plaît à un certain public, qui y voit « du style ». Ainsi, Jean-Luc Nancy et Philippe Lacoue-Labarthe, analysant le mythe nazi, relèvent, en parlant des deux ouvrages phares du régime (*Mein Kampf* et *Le Mythe du XXe siècle* d'Alfred Rosenberg), « qu'il faudrait avoir le temps de s'arrêter sur le style (si l'on peut dire) de ces livres, qui, à bien des égards, se ressemblent. Par leur composition commune et par la langue qu'ils pratiquent, ils procèdent toujours de l'accumulation affirmative, jamais, ou à peine, de l'argumentation. C'est un entassement souvent brouillon d'évidences (du moins données comme telles) et de certitudes inlassablement répétées. On martèle une idée, on la soutient de tout ce qui peut sembler lui convenir, sans faire d'analyses, sans discuter d'objections, sans donner de références. Il n'y a ni savoir à établir, ni pensée à conquérir. Il y a seulement à déclarer une vérité déjà acquise, toute disponible [...] on se réclame implicitement [...] d'une espèce de prolifération mythique, qui n'est pas pour autant poétique, mais qui cherche toute sa ressource dans la puissance nue et impérieuse de sa propre affirmation [11] ».

Éric Michaud soutint un jour de façon un peu provocatrice que, contrairement à l'idée répandue, Hitler n'était pas un « peintre raté », mais, au contraire, un artiste qui avait réussi car il avait pris le peuple allemand tout entier comme « matière » de son art [12]. On a suffisamment souligné, sans qu'il soit nécessaire d'insister ici,

---

11. Jean-Luc Nancy et Philippe Lacoue-Labarthe, *Le Mythe nazi*, Éditions de l'Aube, La Tour-d'Aigues, 1991, p. 52.

12. Éric Michaud, *Un Art de l'éternité*, Gallimard, Paris, 1996.

combien la propagande s'appuyait sur une esthétisation des foules, qui finissaient, par leur ordonnancement, par former une partie du message lui-même. Ce qui valait pour la propagande des années trente vaut tout à fait pour aujourd'hui. L'un des moments forts du film écrit par Pierre Legendre, *La Fabrique de l'homme occidental* (1997), est le reportage sur une « opération de communication interne » où cadres et employés d'une entreprise se retrouvent victimes d'une vaste mise en scène esthétique, dont ils sont à la fois les destinataires et la matière.

D'une façon générale, l'esthétique du message tend, dans la publicité ou encore la communication, à valoir en lieu et place de son contenu. Ce qui, dans le message, est censé convaincre, est transféré du fond vers la forme. L'usage de l'art en propagande, c'est-à-dire le détournement de la fonction esthétique de l'art au profit d'une fonction de communication manipulatoire, relève de cette logique. Comme le disait un propagandiste bolchevique en 1919, « on doit organiser l'art et en faire, comme l'industrie et l'Armée rouge, un instrument efficace au service d'un projet d'État total [13] ». La remarque est intégralement transférable, sur le plan technique (pas sur celui des valeurs, bien entendu) au monde actuel de la publicité, où il est de plus en plus fait appel à des artistes, notamment cinéastes, pour réaliser des messages dont le caractère convaincant sera obtenu grâce la séduction esthétique.

La peur, l'autorité

Même déguisée sous la forme de l'autorité, le ressort de la peur qu'inspire celui qui veut convaincre reste

13. Cité par Igor Golomstock, *L'Art totalitaire*, Éditions Carré, Paris, 1991.

une des ressources de la manipulation. Il suffit pour s'en convaincre de se reporter au climat qui règne dans les studios et dans la préparation des émissions de radio et de télévision lorsque tel ou tel dirigeant de l'extrême droite est invité. Le moins que l'on puisse dire est que le face-à-face n'est pas aisé avec ceux qui usent de la violence verbale ou non verbale. Ceux-là arrivent le plus souvent à « passer en force ». Face à cette brutalité d'accompagnement et de présentation du discours, la gauche française avait cru bon, à une certaine époque, de mobiliser en son sein ceux qui pouvaient user des mêmes méthodes brutales et démagogiques. On fit ainsi appel à des hommes comme Bernard Tapie, dans des débats télévisés contre l'extrême droite, dans un rôle symétrique. Ce genre de tentative n'est pas exempte d'effets pervers, car, au bout du compte, le procédé critiqué s'en trouve légitimé et renforcé.

L'expérience des nombreux débats médiatiques dans lesquels des journalistes ou des hommes et des femmes politiques acceptent de « dialoguer » avec des représentants de l'extrême droite montre que le ressort de la peur et de l'autorité, ajouté à d'autres procédés manipulatoires, rend efficace l'intervention de ces derniers. On a vu ainsi des élus du Front national s'imposer face à des journalistes motivés, compétents, bien documentés, et parvenir à diffuser, sans grande opposition, des points de vue soutenant, par exemple, que des organisations juives contrôlent le président de la République française [14]. Le journaliste débattait démocratiquement en face de quelqu'un qui, lui, manipulait l'opinion.

D'une façon plus générale, l'appel à l'autorité reste un moyen de manipulation d'usage plus fréquent qu'on

14. Par exemple, le journaliste Alain Rollat face à Yvan Blot, dans l'émission « Opinion publique », FR3 Alsace, samedi 15 avril 1997.

ne le s'imagine. Il permet de trancher, plutôt que de discuter, en vue de faire accepter coûte que coûte une opinion ou provoquer un comportement. Une des raisons de cette fréquence, et aussi de la difficulté à l'identifier, tient à sa proximité avec ce qu'en rhétorique on appelle l'« argument d'autorité ». Celui-ci s'appuie sur la confiance légitime faite à une autorité, au nom du principe qu'on ne peut pas vérifier par soi-même tout ce qui nous est soumis [15].

Un exemple spectaculaire, quoique plus difficile à interpréter qu'il n'y paraît, est celui de l'expérience conduite par le psychosociologue américain Stanley Milgram. Celle-ci consiste à mettre en scène une « recherche scientifique » où un chercheur, doté donc d'une certaine autorité, demande à un cobaye de punir, dans un processus d'apprentissage concernant la mémoire, un autre cobaye – qui, lui, simule la douleur. La question, pour Milgram, est de savoir jusqu'où on peut aller dans la torture si une autorité « légitime », en l'occurrence scientifique, vous le demande. La réponse est terrifiante : les deux tiers des cobayes acceptent d'administrer à une autre personne des décharges électriques entraînant une quasi-inconscience. On peut interpréter cette expérience comme une confirmation des larges possibilités ouvertes par la manipulation qui fait appel à l'autorité [16].

---

15. Philippe Breton, *op. cit.*, Paris, 1996.

16. Stanley Milgram, *Soumission à l'autorité. Un point de vue expérimental*, Calmann-Lévy, Paris, 1974. Pour une autre interprétation de cette expérience dans le cadre d'une réfléxion sur la torture, voir Miguel Benasayag, *Utopie et liberté*, La Découverte, Paris, 1986.

La manipulation des enfants

Un aspect souvent négligé, malgré son importance, du recours abusif à l'autorité pour convaincre est constitué par les pratiques fréquentes de manipulation des consciences enfantines. Comme le rappelle Vance Packard, la prise de conscience par les publicitaires des immenses ressources que constituait cette possibilité d'influence fut à l'origine du développement de tout un secteur, avec des méthodes spécialement conçues pour les enfants. Une revue professionnelle de publicitaires en parle ainsi : « Les esprits peuvent être façonnés à vouloir vos produits ! Dans les écoles de l'Amérique, il y a près de 23 millions de filles et de garçons. Ces enfants mangent des aliments, usent des vêtements, utilisent du savon. Ils sont aujourd'hui des consommateurs et seront demain des acheteurs ; ils constituent un vaste marché pour vos produits. Entichez ces enfants de votre marque et ils insisteront auprès des parents pour qu'ils l'achètent [17]. »

Les mêmes techniques, remarquons-le, étaient utilisées par les propagandistes staliniens, qui usaient d'un tel détournement d'autorité pour que les enfants « éduquent » politiquement leurs parents. Souvent, ces méthodes font appel à la séduction. Mais, de la même façon que la loi assimile à un abus d'autorité la séduction d'enfants par des adultes (lorsque celle-ci contraint l'enfant – même apparemment volontaire – à commettre ou à accepter des actes contre nature), la « séduction » de jeunes enfants ou même d'adolescents par des messages manipulatoires est un abus d'autorité au sens strict. D'autant plus que l'on sait maintenant que les

17. Cité par Vance PACKARD, *op. cit.*, p. 148.

enfants d'âge préscolaire, par exemple, ne font aucune distinction entre les films publicitaires et d'autres émissions télévisées. L'autorité globale du média s'impose donc à eux. Comme l'avait remarqué un journaliste, « la manipulation des esprits des enfants dans les domaines de la religion et de la politique soulèverait parmi les parents une tempête de protestations... Mais dans le monde du commerce, les enfants sont une proie rêvée et légitime [18] ».

L'amalgame affectif

Il s'agit d'un procédé fréquemment utilisé pour manipuler le message. Il consiste à rendre acceptable une opinion en construisant un message qui est un mélange de cette opinion, sans discussion de son contenu, avec un élément extérieur, de l'ordre de l'affect, *sans rapport immédiat avec cette opinion*, mais considéré, lui, comme susceptible de sensibiliser l'auditoire dans un sens favorable. On transfère ainsi la charge affective de cet élément extérieur, que l'on va chercher en aval, sur l'opinion elle-même.

Ainsi, il y a quelques années, une publicité française avait beaucoup frappé l'imagination par son caractère délibérément provocateur sur le plan sexuel. Une ancienne marque de petits bonbons à la réglisse, inventée par un pharmacien toulousain, cherchait à prendre pied sur le vaste marché des produits de masse. Il fallait pour cela qu'elle se débarrasse de l'image un peu vieillotte qui l'accompagnait, celle d'un produit de pharmacie de province, dont le nom même – Cachou Lajaunie – évoquait plutôt l'austérité.

---

18. Cité par Vance PACKARD, *op. cit.*, p. 151.

Les publicitaires consultés décidèrent apparemment de ne pas y aller par quatre chemins. Ils conçurent un message, destiné à être diffusé d'abord à la télévision, qui se contentait, d'une part, de montrer le produit – il s'agissait d'une boîte de cachous –, d'autre part de mettre en scène une jeune femme au décolleté opulent. Le mannequin bougeait le torse de façon à provoquer un mouvement des seins à forte connotation érotique, évoquant, peut-être, le mouvement des cachous dans la boîte. Le message ne montrait rien de plus.

Sa structure est claire : il propose une association entre un produit montré et un stimulus érotique. Cette association – et c'est là, précisément que réside techniquement la manipulation – est sans aucun fondement : il n'y a aucun rapport, de quelque nature que ce soit, entre le cachou Lajaunie et les seins de ce mannequin ! Le mécanisme de l'amalgame est simple. Il consiste à aller chercher dans l'esprit de l'auditoire à qui le message est destiné un élément préexistant, plaisant, agréable, souhaitable, voire désirable, mais aussi, éventuellement, effrayant ou évoquant la peur et le dégoût, et ensuite à accoler cet élément au message ainsi augmenté. La publicité, aussi bien que l'action de propagande, consiste bien dans ce cas à augmenter le message par rapport à sa dimension informative.

Notons que la critique ici ne consiste pas à contester l'emploi du sexe à la télévision, ou l'éventuel avilissement du mannequin et, plus généralement, de l'image de la femme. Cette critique se porterait sur les valeurs qui sont incorporées au message. Ce type d'analyse nous importe peu ici, ce qui ne signifie d'ailleurs pas qu'une telle critique soit impossible, mais elle porte à un autre niveau que celui de l'analyse des détournements dont la parole est l'objet. On peut en effet trouver agréable ou non souhaitable de voir des femmes dénudées montrer leur corps de façon plus ou moins provocante. C'est une autre discussion. Ce qui nous importe est de constater qu'il n'y a aucun rapport entre la sensation provoquée par le mannequin et le produit présenté côte à côte.

D'où vient que, dans ce cas précis, la manipulation marche ? D'où vient que nous ne réagissons pas immédiatement à cette absence de rapport en rejetant le message comme « non cohérent » ? D'où vient que nous ne le voyons pas comme une sorte d'absurdité ? C'est d'abord que nous ne sommes pas indifférents, non au cachou Lajaunie, mais au mannequin et à sa geste érotique. C'est ensuite que le message est répété et que sa diffusion procède par insistance. Il y a couplage, comme c'est souvent le cas dans l'amalgame, avec cette manipulation spécifique de la relation qui prend appui sur notre faible résistance à la répétition.

La conjugaison de la répétition et du caractère frappant de la partie du message qui ne concerne pas le produit lui-même va provoquer une contamination des sensations éprouvées à la réception de cette partie sur l'autre partie dont on veut justement la promotion. Il y a transfert de sensation qui vaut rapidement sentiment d'évidence. Après avoir été manipulés, nous croyons *réellement* voir un lien fort entre les deux parties du message qui sont ainsi soudées artificiellement entre elles.

L'effet fusionnel

Là où la séduction ou le recours à l'autorité supposent une altérité, un autre qui plaît et qui inspire confiance, ou bien que l'on craint au point que l'on s'ouvre sans réflexion à ce dont il veut vous convaincre, la démarche fusionnelle propose d'annihiler toute différence dans le processus de communication. Le but recherché est le même : travailler la présentation du message de façon qu'il mette l'auditoire à la merci du manipulateur. Comme la démarche séductrice, la démarche fusionnelle concerne aussi bien un certain type de relation s'instaurant directement entre des personnes (le manipulateur et le manipulé) qu'une certaine manière de présenter le message lui permettant de pénétrer plus facilement les défenses que l'auditoire pourrait lui opposer. Le but est le même, mais la méthode diffère pour s'inspirer des techniques du conditionnement et de l'hypnose.

La répétition

Comme le soulignait déjà Tchakhotine, la répétition joue apparemment un rôle considérable dans les processus de manipulation. Figure de construction en rhétorique classique – où elle est utilisée, comme le remarque Olivier Reboul, « pour faire sens » –, la répétition perd ce statut lorsqu'elle est utilisée comme principale ressource pour convaincre.

La répétition crée de toutes pièces, artificiellement, du seul fait de ce mécanisme, un sentiment d'évidence. Ce qui nous paraît étrange et sans fondement la première fois – parce que non argumenté – finit par paraître acceptable, puis normal, au fil des répétitions. Cette technique crée l'impression que ce qui est dit et répété a quelque part, très en amont, été argumenté. La répétition fonctionne sur l'oubli que l'on n'a jamais expliqué ce qu'on répète.

La forme la plus simple de la répétition, en politique, comme en communication ou en publicité, est le slogan. Là, nous rencontrons le fantôme de Ivan P. Pavlov. Comme le dit Tchakhotine, « la répétition joue un grand rôle dans la publicité, comme dans toute formation de réflexes conditionnés [...] la publicité commerciale, mais aussi la propagande politique [...] utilisent [...] la répétition incessante et massive de mêmes formes, slogans, etc. En les accompagnant surtout d'excitations lumineuses, de couleurs criardes, de sonorités rythmées, obsédantes, elles créent un état de fatigue mentale, qui est propice à l'assujettissement à la volonté de celui qui exerce cette publicité tapageuse[19] ». Cette « fatigue mentale » désigne le phénomène d'abandon de la conscience critique, qui finit par se persuader qu'elle s'est exercée dans le passé et que, en quelque sorte puisqu'il est répété, le message a déjà été justifié.

L'usage de la répétition connaît des développements subtils qui visent à désamorcer les défenses que l'esprit peut opposer devant des procédés somme toute assez sommaires. Ainsi Tchakhotine souligne-t-il que, « pour obvier au danger de lassitude par répétition, surtout monotone, il est à conseiller de varier les aspects du thème central. Un exemple de cette règle est livré dans la publicité qui, en faisant la réclame d'un article dans ses affiches, emploie l'image toujours de la même personne, mais en des attitudes diverses[20] ».

Le slogan ne fonctionne pas uniquement en s'appuyant sur les ressources de la répétition. Il pourrait bien, dans sa construction même, en tant qu'« objet architectural », pour reprendre l'expression de Blanche Grunig, être « particulièrement bien compatible avec des opérations mentales privilégiées, fondamentales, majeures[21] », dont par ailleurs elle ne précise pas bien la nature. La recherche de la « fusion » entre le message et l'auditoire est un des ressorts du slogan, au même titre d'ailleurs que la répétition.

---

19. Serge Tchakhotine, *op. cit.*, p. 131.
20. *Ibid.*, p. 290.
21. Blanche Grunig, *op. cit.*, p. 8.

L'hypnose et la synchronisation

Plus précis et plus explicite encore est le recours de nombreux « spécialistes de la communication » à des techniques d'hypnose ou de synchronisation utilisées dans le but de « convaincre », c'est-à-dire d'obtenir un « changement de comportement » de la part de l'auditoire. Les théories et les pratiques de la PNL (programmation neuro-linguistique) sont fondées presque exclusivement sur de telles techniques.

Ceux qui les mettent en œuvre annoncent explicitement que le contenu du message n'a pas d'importance, mais que c'est la façon de le présenter qui le fera pénétrer dans l'esprit de l'interlocuteur. Comme le dit Genie Laborde : « Après avoir observé et écouté ceux qui possèdent apparemment un talent naturel pour communiquer efficacement, les experts sont arrivés à la conclusion que leur force ne vient pas de ce qu'ils disent mais de la façon dont ils le disent. » Il s'agit donc d'« étudier *comment* se déroule la communication et non sur *quoi* elle porte [22] ».

À partir de là, la technique de base proposée va consister en la construction d'un « rapport » avec l'auditoire qui va « vous aider à obtenir ce que vous voulez ». Pour apprendre à établir un tel rapport, les tenants de la PNL enseignent un « processus remarquablement efficace [...] la synchronisation [23] ». Il s'agit en fait, pour manipuler l'autre, tout simplement de transformer son propre comportement et d'en faire le reflet *(mirroring)* de celui que l'on veut convaincre. On préconise ainsi de synchroniser sa respiration avec celle de l'autre, puis

---

22. Genie LABORDE, *Influencer avec intégrité*, Interéditions, Paris, 1987, p. 15-16.

23. *Ibid.*, p. 41.

son ton, son rythme de voix, ses gestes corporels, puis, dans un niveau supérieur de communication, de synchroniser le vocabulaire et les concepts. Genie Laborde apporte une précision importante dans l'emploi de ces procédés : « Aucune des techniques enseignées ici pour développer le contact ne devrait jamais être remarquée » par l'autre personne.

De fait, ces techniques visent à annihiler chez l'auditoire toute capacité de résistance à l'entrée dans son esprit de l'opinion dont on veut le convaincre. Cette annihilation s'obtient par effet de fusion. Ces techniques consistent d'abord en effet à faire croire – sans qu'il s'en rende compte – à l'interlocuteur que son partenaire est « comme lui », tellement comme lui qu'il peut bien en partager, sans discussion, les points de vue.

Les nombreux exemples que donne Genie Laborde, pour illustrer son propos et mettre en avant l'efficacité incroyable de ce procédé, montrent tous qu'il y a bien un tel effet de fusion, qui permet l'entrée par effraction dans l'esprit de la personne manipulée. Ainsi ce long récit d'une négociation difficile qu'une personne devait engager et pour laquelle elle se fit accompagner d'une « spécialiste en communication ». Cette spécialiste se contenta de se taire pendant l'entretien tout en pratiquant une intense gymnastique corporelle invisible en face de Smith (la personne à manipuler) : « Je commençai, à me synchroniser sur la respiration de Smith », raconte cette spécialiste de la PNL, « il était toujours légèrement agité. Se renversant en arrière sur sa chaise, il posa ses talons sur le piètement. Ses jambes étaient écartées. Je portais une jupe étroite, aussi ne pus-je me synchroniser que sur les attitudes du haut de son corps. Quelques minutes plus tard, je ralentis le rythme de ma respiration. Smith fit de même. À ce moment j'examinai Dave et m'aperçus que nous respirions tous les trois au même rythme, signe que le contact était établi entre nous. Je ne fis rien d'autre[24]. » Et Dave obtint tout ce qu'il souhaitait, et même plus, sans que Smith se soit aperçu le moins du monde du manège.

Comme le disent eux-mêmes Richard Bandler et John Grinder, dans le compte rendu assez édifiant d'un stage de PNL : « La programmation neurolinguistique constitue l'étape subséquente à tout ce qui a été fait en hypnose [...] jusqu'à maintenant[25] », en insistant sur le fait qu'« on peut beaucoup plus facilement hypnotiser quelqu'un en thérapie s'il *ne sait pas* (souligné par Bandler et Grinder) qu'il sera en situation de transe, parce que vous pourrez beaucoup plus facilement communiquer avec son inconscient[26] ».

Comme le dit curieusement l'avant-propos de ce texte destiné au lecteur *a priori* sceptique, « les auteurs ne vous demandent jamais d'adopter de nouvelles croyances. On vous demande tout simplement de mettre en veilleuse vos propres croyances juste le temps qu'il faut pour passer les concepts et les procédés de la PNL au crible de votre propre expérience sensorielle » !

Le rôle du toucher

Richard Bandler et John Grinder insistent sur le rôle du toucher dans leur séance de « recadrage » du comportement d'autrui. Ils en décrivent longuement les modalités d'instrumentalisation. Le toucher est un élément du processus d'hypnose, mais, plus largement, il constitue un moyen d'influence puissant. Deux psychologues sociaux français, Robert-Vincent Joule et Jean-Léon Beauvois, spécialistes de la manipulation,

24. *Ibid.*, p. 51.
25. Richard Bandler et John Grinder, *Les Secrets de la communication, les techniques de la PNL*, Le Jour Éditeur, Montréal, 1982, p. 282.
26. *Ibid.*, p. 285.

n'hésitent pas à dire que « le rôle joué par les contacts physiques (ce que les chercheurs américains appellent *the touch*), sur l'acceptation de certaines requêtes [...] ne manque pas de nous étonner encore »[27]. Ils citent plusieurs expériences de psychologie sociale destinées à mesurer l'importance effective de ce phénomène. Les résultats sont troublants.

Dans l'une d'entre elles, conduite dans un supermarché de Kansas City, une équipe de chercheurs montre que, lorsqu'un expérimentateur travesti en « démonstrateur de pizza » touche l'avant-bras des personnes à qui il propose de goûter un échantillon, la chance que celles-ci acceptent d'y goûter effectivement augmente considérablement. Mieux, ces personnes, celles qui ont été « touchées », sont plus nombreuses à se présenter à la caisse pour acheter le produit. Notons qu'entre-temps un autre expérimentateur a fait passer un questionnaire permettant à ceux qui ont goûté le produit de le juger et de lui attribuer une note. Or, soulignent les auteurs, l'achat du produit est indépendant de la qualité qu'on lui attribue mais dépendant en revanche du fait d'avoir ou non été « touché » par le premier expérimentateur. Il y a donc, comme le disent Joule et Beauvois, « une absence de lien entre l'évaluation d'un produit et l'achat de ce produit[28] ». Ce phénomène est rappelé par Vance Packard, lequel souligne par ailleurs qu'il est très bien connu par les publicitaires.

Pour renforcer leur analyse, Joule et Beauvois citent une autre expérience troublante. Dans celle-ci, un expérimentateur se place à l'entrée d'une bibliothèque uni-

---

27. Robert-Vincent Joule et Jean-Léon Beauvois, *Petit Traité de manipulation à l'usage des honnêtes gens*, Presses universitaires de Grenoble, Grenoble, 1987, p. 111.
28. *Ibid.*, p. 111.

versitaire et demande son chemin à certains des étudiants qui y entrent. Ce faisant, il touche fortuitement l'avant-bras de certains d'entre eux. Tous (qu'ils aient été touchés ou pas) lui indiquent la direction qu'il recherche. Plus loin, dans le bâtiment, un autre expérimentateur, indépendant du premier, joue le rôle de quelqu'un qui fait appel au bénévolat, avec une demande assez conséquente. Il s'adresse à la fois à des étudiants qui ont été touchés et à des étudiants qui ne l'ont pas été. Les étudiants qui ont été touchés forment statistiquement un public nettement plus disponible à une telle demande (40 % acceptent là où seuls 5 % de ceux qui n'ont pas été touchés acceptent). Comme le disent nos auteurs, « s'il n'était qu'un ou deux résultats de ce type dans la littérature scientifique, nous les considérerions avec curiosité mais aussi avec défiance et nous n'aurions pas jugé nécessaire de les faire connaître au public de langue française. Le fait est qu'il sont aujourd'hui suffisamment nombreux pour que nous considérions le toucher comme un phénomène que l'on ne peut ignorer[29] ».

Il faudrait se demander, dans le prolongement de ces réflexions, si la multiplication des stimulus sexuels dans la publicité ou dans la communication ne fonctionne pas comme une dimension élargie du toucher. Bien sûr, un spot publicitaire ne « touche » pas directement le public, car sa matière est de l'image, mais un tel stimulus déclenche des réactions corporelles qui se transforment en sensations concrètement éprouvées. Dans un certain sens, nous pouvons être « touchés » par de telles images et, de ce fait, éprouver une très grande sympathie, sans savoir pourquoi, pour le produit auquel elles sont associées.

---

29. *Ibid.*

5

La manipulation cognitive

Aux immenses possibilités ouvertes par la mobilisation des affects qui accompagnent le message, s'ajoutent celles de la manipulation du contenu cognitif du message lui-même. La tradition rhétorique avait retenu les trucages logiques du message, les faux syllogismes, par exemple, comme prototype d'une telle manipulation. Les possibilités de ce point de vue se sont considérablement élargies. Les raisonnements biaisés ne représentent plus qu'une petite partie de ces possibilités. On distinguera ici deux grandes techniques : le « cadrage manipulateur » consiste à utiliser des éléments connus et acceptés par l'interlocuteur et à les réordonner d'une façon telle qu'il ne peut guère s'opposer à leur acceptation ; l'« amalgame » consiste à proposer un cadrage des faits en y ajoutant un élément supplémentaire, dont l'apport sera en lui-même convaincant. Il s'agit donc d'un cadrage indûment augmenté.

Le cadrage manipulateur

L'utilisation de cadrages manipulateurs s'appuie sur la nécessité dans laquelle nous nous trouvons d'avoir dans le réel des points de repère relativement stables, distincts des croyances, plus proches des faits que des opinions. Ces faits seront d'autant plus attestés comme tels qu'ils seront partagés par plusieurs personnes. Le cadrage consiste donc dans une certaine manière à ordonner les faits. Il constitue ainsi une des ressources puissantes de l'argumentation. La désinformation, qui est une des techniques de recadrage parmi les plus manipulatrices, consiste justement à faire passer pour faits bruts et totalement crédibles ce qui n'est que pures inventions, destinées à cacher les vraies informations. La désinformation est un pur jeu sur le vrai et le faux, mobilisant toutes les ressources du mensonge et de la vérité.

Le cadrage des faits dépasse largement une simple portée informative, il constitue les prémices de l'action de convaincre. Le cadrage manipulateur agit là où cela serait impossible avec le cadrage initial. La manipulation implique une torsion des faits, leur réarrangement, dans le but d'obtenir par exemple un consentement qui n'est pas acquis d'avance, au prix d'une violence sur la situation.

Le cadrage manipulateur connaît trois grandes variations possibles : soit il consiste à transformer d'une façon ou d'une autre le vrai en faux et réciproquement, soit il consiste à orienter les faits de telle façon que la réalité s'en trouve sciemment déformée, soit il consiste à masquer une partie des faits de telle façon que soient cachées les conséquences de l'acceptation d'un cadrage donné.

Le cadrage menteur

Le mensonge sur les faits est une arme de guerre. Tous les stratèges la recommandent, en lui reconnaissant un statut de violence psychologique, quasi équivalent à la violence physique qu'autorisent les armes matérielles. Mentir entraîne l'adversaire à prendre de mauvaises décisions, les plus mauvaises pour lui. La désinformation, cadrage manipulateur par excellence, est une arme intellectuelle, dont les conséquences peuvent être extrêmement meurtrières. L'opération « Mincemeat », dont le nom de code était assez macabre (*mincemeat* signifie « viande hachée »), est de ce point de vue un modèle presque parfait de désinformation[1]. En 1943, les autorités espagnoles de Huelva trouvèrent le cadavre d'un officier anglais, le « capitaine Martin », échoué sur la plage, suite apparemment à un naufrage. Elles trouvèrent sur lui l'un des documents les plus importants de cette période : des instructions précises indiquant que les troupes alliées, qui avaient pris pied en Afrique du Nord, allaient débarquer sur les rivages de l'Europe, précisément en Sardaigne et sur les côtes de Grèce. Cette indication précieuse fut transmise discrètement (car l'Espagne avait le statut de pays neutre) aux services allemands. Le cadavre et les documents furent restitués en l'état aux Anglais.

Cette information tira une épine du pied de l'état-major allemand, qui souhaitait pouvoir concentrer ses troupes pour empêcher un tel débarquement et non pas les disperser comme c'était le cas sur toutes les côtes possibles. Le document indiquait également que des fausses indications seraient envoyées aux Allemands pour leur faire croire que le débarquement aurait lieu en Sicile, lieu approprié puisque techniquement le plus facile d'un point de vue militaire. Ainsi, plus les Allemands recevaient de signes bien réels indiquant que les Alliés préparaient le débarquement en Sicile, plus ils étaient convaincus qu'il n'aurait justement pas lieu là !

---

1. On pourra se reporter à l'analyse qu'en fait Paul WATZLAWICK dans *La Réalité de la réalité*, confusion, désinformation, communication, Seuil, Paris, 1978.

En 1943, les alliés débarquèrent en Sicile, comme ils l'avaient toujours prévu, et les Allemands furent pris de court, confiants dans ce document trouvé « par hasard » sur une plage espagnole. La Seconde Guerre mondiale fournit de nombreux autres exemples de cadrage menteur. Dans certaines opérations, les Alliés n'hésitèrent pas à sacrifier par exemple plusieurs agents secrets ou membres de réseaux de résistance pour renforcer la crédibilité de fausses informations (en les livrant eux-mêmes après leur avoir confié ces fausses informations et leur avoir enjoint de ne pas les révéler « même sous la torture », ce qu'humainement certains ne purent bien évidemment pas faire). La désinformation est bien une arme meurtrière, dont les bilans macabres s'établissent en termes de gains et pertes globaux.

Un autre exemple particulièrement sanglant d'usage des techniques de désinformation est raconté par l'historien Benjamin Stora. Il s'agit d'une opération d'intoxication en 1958 d'un des principaux maquis algériens, celui dirigé par le dirigeant FLN Aït Hamouda, dit Amirouche. Celui-ci, chef exigeant mais aimé et apprécié de ses hommes, était préoccupé par les trahisons et les tentatives d'infiltration de ses rangs. Un officier français, le colonel Yves Bodard, imagina un stratagème redoutable : « Celui-ci met à profit sa connaissance de la wilaya III, il renvoie au maquis des prisonniers d'origine kabyle porteurs de lettres de sa fabrication à l'adresse de divers responsables de cette wilaya, et d'"informations confidentielles" laissant croire que ses services entretiennent secrètement des relations avec les cadres et les militants algériens. Après plusieurs missives, la ruse atteint son but [...] ; en quelques semaines les arrestations et les exécutions se multiplient[2] ».

2. Benjamin STORA *In* REPORTERS SANS FRONTIÈRE, *Le Drame algérien. Un peuple en otage*, La Découverte, Paris, 1996.

Tous les ingrédients du cadrage menteur sont là, en particulier le mélange subtil de vraies et de fausses informations, les unes servant à valider les autres. Les fausses informations – ici, les supposées trahisons – sont d'autant plus facilement crédibles que le contexte de réception s'y prête – dans ce cas précis, il s'agit du climat d'espionnite créé par la peur permamente de la trahison. La manipulation réussie a eu des conséquences particulièrement dramatiques : on estime à près de 2 000 le nombre de combattants arrêtés et exécutés, la plupart du temps après avoir été torturés, suite à la manœuvre efficace du colonel Bodard.

La désinformation est-elle utilisée en dehors des conflits armés ou de la « guerre secrète » que se livrent les pays dont les intérêts sont opposés, par l'intermédiaire de leurs services spécialisés ? Son utilisation s'étend en fait partout où il y a des conflits, même pacifiques, notamment dans les situations de « guerre économique et industrielle ». Le champ des activités financières et boursières, qui est très dépendant du climat psychologique, est un lieu dans lequel ce type de manipulation est fréquemment utilisé. Que l'entreprise de désinformation dans ce domaine aboutisse ou qu'elle échoue, les protagonistes ne lui assurent aucune publicité : les uns parce qu'ils ont utilisé un moyen que chacun s'accorde à trouver répréhensible, les autres parce qu'ils en sont les victimes peu fières. Personne n'a intérêt, dans ce domaine, à ce que l'emploi de telles techniques soit mis sur la place publique.

La campagne qui vise en France depuis plusieurs années deux policiers des Renseignements généraux, dont son directeur Yves Bertrand, montre la complexité de l'analyse lorsque les faits sur lesquels une éventuelle campagne de désinformation pourrait porter ne sont pas encore constitués. En l'occurrence, un dénonciateur anonyme distille depuis 1995 des « informations », vraies ou fausses, ou vraies et fausses, ayant pour but d'inciter la justice à inculper ces deux policiers pour « entraves et faux témoignages », dans la mesure où ceux-ci auraient dissimulé à la justice des pièces compromettantes pour certains hommes politiques de la majorité de l'époque. Ces « informations » présentent toutes les apparences de la crédibilité (comme, par exemple, des « notes » émanant des Renseignements généraux eux-mêmes), mais leur véracité est contestée par les intéressés eux-mêmes. Le dénonciateur, qualifié de « manipulateur de génie » par la presse [3], reste pour l'instant introuvable. S'agit-il d'une campagne de désinformation visant à compromettre la réputation de deux policiers haut placés ou d'une dénonciation destinée à faire éclater un vrai scandale ? Toute la difficulté est là : la désinformation se présente rarement pour ce qu'elle est. Elle constitue probablement une des manipulations les plus difficiles à déceler et à identifier.

Par ailleurs, la « police des polices » a bien arrêté (cet exemple n'a rien à voir avec le précédent), en 1995, un commissaire et un inspecteur « soupçonnés d'avoir participé à une entreprise de manipulation ». Ces derniers avaient mis sur pied une officine « composée de plusieurs policiers constitués en réseau parallèle » qui « diffusait des informations souvent calomnieuses visant à déstabiliser un certain nombre de hiérarques de la place Beauvau », peut-être simplement pour prendre leur place [4]. Ce type de pratiques pourrait bien être fréquentes dans les administrations et les entreprises.

---

3. Voir, par exemple, l'article « Un "corbeau" très politique », sous la plume de Nathalie Prévost, *Le Journal du dimanche*, 6 avril 1997.

4. Erich Inciyan, « La police des polices enquête sur une officine de coups tordus au ministère de l'Intérieur », *Le Monde*, 17 octobre 1995, p. 11.

La désinformation, qui est un jeu menteur et manipulatoire sur l'information, devrait avoir une importance croissante au fur et à mesure que nos sociétés accordent une place centrale à l'information. Elle est une des fragilités essentielles de la « société de l'information » que certains appellent de leurs vœux. Le quasi-monopole actuel des médias sur la circulation de l'information renforce cette fragilité. On a pu constater, lors de la guerre du Golfe, à quel point les médias représentaient une institution assez perméable aux manipulations. Différents ouvrages fourmillent d'exemples, notamment celui dirigé par Béatrice Fleury-Vilatte [5], ou celui, très bien documenté et qui a connu plusieurs rééditions, de Michel Collon [6].

Les nouveaux moyens de communication, comme Internet, représentent un support idéal pour ce type de manipulation. Il faut, hélas, considérer par exemple qu'aucune information circulant sur le réseau informatique mondial ne peut être considérée comme fiable ou digne de foi. En effet, si, malgré la présence de filtres de toutes natures et d'intermédiaires vigilants dans le cas des médias traditionnels, la désinformation peut y être efficace, qu'en est-il d'un réseau où tout circule directement, sans médiation et sans contrôle ? Cette particularité a déjà, semble-t-il, été utilisée, comme le montre l'exemple de la manipulation à laquelle se sont livrés en 1995 les militants zapatistes, lors de l'offensive de l'armée mexicaine dans les régions qu'ils contrôlaient alors. Ces militants ont diffusé *via* Internet un message demandant notamment aux universitaires de

---

5. Béatrice FLEURY-VILATTE (sous la dir. de), *Les Médias et la guerre du Golfe*, Presses universitaires de Nancy, Nancy, 1992.

6. Michel COLLON, *Attention médias !*, EPO, Bruxelles, 1994.

différents pays d'intervenir auprès de leurs gouvernements pour qu'ils fassent pression à leur tour sur le Mexique. Ce message décrivait de nombreux actes barbares commis par les troupes dans leur avancée. Prêts à se mobiliser pour de telles causes, de nombreux internautes tombèrent dans le piège de ce qui n'était que de la désinformation.

Le recadrage abusif

Proche de la désinformation, cadrage menteur et trompeur, le recadrage abusif consiste à ordonner les faits de telle façon que la nouvelle image de la réalité ainsi composée entraîne la conviction, en quelque sorte sur de fausses bases. Il suppose que, si l'on présentait le réel de façon non déformée, il serait impossible de convaincre l'auditoire. Cette pratique relève bien évidemment d'une stratégie consciente de manipulation.

Le recadrage abusif passe par exemple par un travail au niveau du sens des mots. Au niveau le plus élémentaire, sommaire mais efficace, on trouvera la fausse promesse, difficile à détecter car jouant sur l'ambiguïté. Vance Packard décrit ce jeu « qui consiste à paraître promettre quelque chose que l'on n'a pas sans mentir pour autant[7] ». Richard Harris distingue plusieurs techniques qui vont dans ce sens et qui sont largement utilisées par les publicitaires. La première utilise des mots comme « peuvent » (les pilules X peuvent soulager la douleur). La deuxième relève d'une comparaison tronquée (la lessive qui « lave plus blanc » omet de dire « plus blanc que quoi »). La troisième met deux impératifs côte à côte en laissant entendre un rapport de causalité (passez l'hiver sans rhume ; prenez les pilules Y). Dans tous les

7. Vance PACKARD, *op. cit.*, p. 266.

cas, il n'y pas formellement tromperie mais induction en erreur dans un contexte où, de plus, les messages circulent très rapidement.

• *Les mots piégés.* – Le recadrage abusif est tout à fait fréquent dans le domaine politique. Andreas Freund parle à ce sujet de « mots piégés » et en propose toute une typologie : « Les mots piégés, dit-il, ne sont rien d'autres que de la mésinformation véhiculée par des vocables au contenu tendancieux. Une fois passés dans le langage courant avec leur charge de sens démagogique, ils serviront comme munitions de petit calibre dans la bataille permanente qui se livre pour la conquête des esprits[8]. » Il évoque par exemple l'emploi du mot « terroriste », très utilisé dans certains milieux pour désigner ceux qui loin d'être d'authentiques terroristes, sont, selon Andreas Freund, des militants sandinistes ou de l'ANC sud-africaine (à l'époque de l'*apartheid*). L'indignation légitime suscitée par le terrorisme effectif sera ainsi transférée sur ceux qui sont indûment qualifiés ainsi.

Andreas Freund soupçonne que l'emploi des « mots piégés » s'appuie sur « le principe du réflexe "conditionné" des psychologues dits comportementalistes de l'école pavlovienne[9] ». Et il décrit ainsi cette manipulation linguistique (en faisant référence au fameux chien de Ivan P. Pavlov que l'expérimentateur faisait saliver avec une clochette) : « C'est par un mécanisme comparable qu'agissent les mots piégés sur le lecteur : le mot "terrorisme" prend la place de la clochette ; le réflexe conditionné qu'on veut obtenir, c'est l'indignation. La

8. Andreas FREUND, *La Mésinformation*, La Pensée sauvage, 1991, p. 151.
9. *Ibid.*, p. 152.

"viande" utilisée pour faire "saliver" d'indignation, c'est la référence aux *authentiques* terroristes, à la folie meurtrière des attentats aveugles. Si on réussit à associer le terme "terrorisme" à cette image dans l'esprit des gens, on aura *piégé* le terme... et on aura toutes les chances de provoquer ce même réflexe d'indignation par automatisme, sans qu'intervienne aucune réflexion sur les *différences* éventuelles (avec l'action d'autres groupes)[10]. »

Dans ce domaine, et de façon peut-être symétrique, l'avocat Jacques Vergès, souvent amené à défendre de vrais terroristes, jouera sur un tel recadrage. Dans l'une de ses plaidoiries, il suggère d'échapper à la « tyrannie des mots ». « Terroristes », ajoute-t-il, c'est ainsi qu'on appelle les amis de Carlos. C'est un mot qui a été inventé par les Allemands sous l'Occupation[11] » (ce qui, entre parenthèses, est faux, l'usage du mot étant attesté, dans ce sens, depuis 1794[12]). Et il précise, en décalant par étapes le sens initial du mot, « le terrorisme est l'arme désespérée de résistants désarmés [...] l'attentat n'est pas un acte commis par un fou dans l'inspiration du moment. Un attentat est l'affleurement d'une contradiction, d'un conflit. Il pose une question politique. Les poseurs de bombes sont en fait des poseurs de questions[13] ».

Roselyn Koren, dans l'analyse qu'elle propose du dialogue israélo-palestinien, pointe quelques-uns des mots piégés qui ont contribué à empêcher pendant longtemps toute possibilité même de reconnaissance de l'*existence*

---

9. *Ibid.*, p. 152.

10. *Ibid.*, p. 153.

11. Jean-Louis REMILLEUX, *Le Salaud lumineux*, Michel Lafon, Édition n° 1, Paris, 1990, p. 141.

12. Voir article « Terreur », *Dictionnaire historique de la langue française*, *op. cit.*, p. 2108.

13. Jean-Louis REMILLEUX, *op. cit.*, p. 181 et 184.

de l'autre. Ainsi, cet auteur souligne que, « selon la version israélienne officielle, il n'y aurait jamais eu de "peuple palestinien" [14] ». Il est clair qu'une formule du type « un peuple sans terre pour une terre sans peuple », encore utilisée aujourd'hui par certains extrémistes israéliens, se révèle profondément manipulatoire de l'opinion. De la même façon, Ibrahim Souss rappelle que les Palestiniens ont désigné longtemps Israël sous la dénomination « entité sioniste », « comme si, avoue le dirigeant de l'OLP, le travestissement de la réalité suffisait à exorciser une race de Martiens venus coloniser la Palestine [15] ».

Bertrand Poirot-Delpech proposa un jour, dans *Le Monde*, une longue liste de « rectificatifs » concernant le sens de certains mots, qui recadre d'une curieuse manière la réalité à laquelle ils sont associés. Ainsi, dit-il, entre autres, « ce n'est pas le froid qui tue les sans-abri ; c'est la misère. Ce n'est pas l'anticyclone qui pollue ; c'est l'automobile [16] », etc.

• *Les rails mentaux.* – Andreas Freund propose dans son ouvrage une typologie des termes qui fonctionnent comme « rails mentaux », selon qu'ils sont louangeurs, dépréciateurs, neutralisants, de justification, déresponsabilisants, etc. La liste est longue des « mots piégés » qui nous contraignent à voir dans la réalité présentée seulement certains de ses aspects, ou encore des éléments qui n'y figurent pas normalement.

Un certain nombre de forces anti-émeutes dans le monde, y compris depuis peu certaines Compagnies

---

14. Roselyne Koren, « L'argumentaire de l'Un dans le regard de l'Autre, le jeu des dénominations », *Mots*, n° 50, mars 1997, p. 103.

15. cité par Roselyne Koren, *Ibid.*, p. 103.

16. Bertrand Poirot-Delpech, « Rectificatifs », *Le Monde*, 22 janvier 1997.

républicaines de sécurité en France, utilisent des « balles de caoutchouc ». On s'étonne parfois qu'elles puissent blesser gravement ou même tuer. En fait, il s'agit de billes d'acier enrobées d'une couche de caoutchouc. Le recadrage nous empêche de voir combien leur emploi est en fait plus brutal qu'il n'en a l'air. Le mot, à l'instar de ce qu'il désigne, est enrobé de façon à cacher sa réalité bien tangible. Même chose avec les « détentions administratives » auxquelles de nombreuses forces de sécurité ont recours et dont Andreas Freund nous rappelle qu'il s'agit en fait de « mise en prison sans aucune forme de procès [...] ce que tente de dissimuler la référence à l'"administration", qui, par définition, est ordonnée et suit des règles[17] ». La guerre du Golfe a correspondu à une période de production intense de tels recadrages manipulateurs, où l'on « traite l'objectif avec quelques dommages collatéraux » alors qu'en fait on bombarde en faisant des victimes civiles. L'armée, soucieuse de concilier sa nature de « grande muette » avec les contraintes modernes de la communication, est grande productrice d'un tel vocabulaire. Par exemple, l'aviation « délivre des missiles ». Ce qu'ils deviennent après avoir été ainsi « délivrés » ne nous concerne sans doute plus...

On avait connu en d'autres temps la « solution finale » au « problème juif ». On voit bien dans ces deux formules que la première cache la réalité qu'elle désigne pourtant clairement aux yeux de ceux qui mettent en œuvre cette « solution », c'est-à-dire un génocide. La seconde recadre la présence d'Allemands (ou de Polonais, Français, etc.) d'origine juive comme un « problème ». Dans un cas, on retranche du sens, dans l'autre, on en ajoute. Ce qui n'était pas un problème dans la réalité

17. Andreas Freund, *op. cit.*, p. 165.

le devient dans l'esprit de ceux qui ont été ainsi manipulés, et ce qui est présenté comme une simple « solution » est en fait un acte d'une barbarie insoutenable. L'emploi de tels recadrages de la réalité allemande a été, rappelons-le, déterminant dans la mise en œuvre du génocide contre les juifs d'Europe et d'autres populations et, surtout, dans l'acceptation et la participation massive des populations allemandes à sa réalisation. C'est ce recadrage qu'à sa manière Jean-Marie Le Pen prolonge, en évoquant la question des « chambres à gaz » comme un point de « détail » de l'histoire de la Seconde Guerre mondiale, c'est-à-dire en minimisant une fois de plus la « solution finale » (en même temps qu'il insiste en permanence sur l'importance du « problème » constitué par les étrangers ou les Français naturalisés selon lui indûment).

L'un des tout premiers mots de la campagne électorale des élections législatives françaises de 1997 fournit un bon exemple de recours à un tel « rail mental » dans l'espoir de manipuler le public. Alain Juppé, à la tribune de la réunion des députés de la majorité du 22 avril 1997, définit le programme du parti socialiste en parlant de « récidive ». Les socialistes, dit le Premier ministre, ont, du temps où ils gouvernaient, augmenté considérablement les déficits publics et ils n'aspirent qu'à la « récidive ».

L'usage d'un tel mot dans ce contexte relève de la manipulation. C'est en effet tout notre imaginaire judiciaire, toute notre science du crime, qui sont convoqués par ce simple mot clef. Automatiquement, nous associons ceux que le mot désigne à ce qu'il désigne. Les socialistes ? Des voyous, des générateurs de déficit public, des braqueurs de l'État. Et, non contents de l'avoir fait une fois, ils ne rêvent que de le refaire. Le récidiviste est plus qu'un simple délinquant, c'est un délinquant qui recommence. Une fois, c'est une erreur, deux fois, c'est un crime, une *récidive*. Le mot constitue ici un « rail mental » qui entraîne – où veut entraîner – notre pensée sur une tout autre voie que l'évaluation rationnelle du programme socialiste. Celui-ci est d'emblée disqualifié. On propose de ne pas le considérer comme un programme politique avec lequel on peut être en désaccord, ou en accord, mais comme l'œuvre de voyous s'apprêtant à commettre un nouveau hold-up à l'échelle du pays.

• *La naturalisation du réel*. – Une catégorie de « mots piégés » attire particulièrement l'attention compte tenu de l'intensité de son emploi dans la période actuelle. Il s'agit de ce qu'Andreas Freund qualifie de « termes déresponsabilisants » et qui correspondent en fait à ce que l'on pourrait qualifier de manipulation par « naturalisation » du réel : ainsi, la guerre du Viêt-nam devient la « tragédie vietnamienne ». Le chômage est souvent présenté, dans le discours des politiques, comme une sorte de « catastrophe naturelle », un « fléau », pour reprendre l'expression de Jacques Chirac dans son discours télévisé d'annonce de la dissolution du Parlement, en avril 1997. Les termes utilisés pour évoquer ce phénomène relèvent souvent d'une description de type météorologique où le chômage est présenté comme une sorte d'anticyclone des Açores, qui va et qui vient, mais qui, pour l'instant, est bloqué au-dessus de la France, provoquant une sorte de sécheresse des emplois.

• *Une image déformée*. – Le recadrage manipulateur peut également consister, sous prétexte d'objectivité ou de volonté affichée de présenter les faits « comme ils sont », à donner une image du réel finalement déformée. Thomas Ferenczi, médiateur du journal *Le Monde*, pose à ce sujet la question essentielle de savoir ce que doit contenir une information comme élément véritablement significatif. L'exemple qu'il traite est celui de la façon dont le journal a rendu compte de l'agression subie par une femme policier dans le RER parisien à la fin de l'année 1996. *Le Monde* avait mentionné que la victime avait été agressée par « cinq jeunes gens ». Plusieurs lecteurs avaient alors reproché aux journalistes de ne pas avoir mentionné qu'« il ne s'agissait pas de jeunes mais bel et bien de quatre jeunes Maghrébins et d'un jeune Noir[18] ».

Il est vrai que l'on cite fréquemment dans les médias en France, dans la rubrique des faits divers, l'« origine ethnique » des protagonistes, notamment lorsque ceux-ci sont « maghrébins » ou « noirs ». Cette mention, affirme Thomas Ferenczi, à propos de son exemple, n'était pas utile, car « il n'était pas établi que celle-ci avait un lien avec l'acte commis[19] ». Il cite, à l'appui de sa proposition, une histoire similaire survenue à un journaliste espagnol qui avait refusé de mentionner l'« origine » de quatre jeunes femmes ayant commis un vol dans une banque, en invoquant le principe de « ne pas mentionner les caractéristiques raciales des protagonistes d'un événement, à moins que celles-ci ne soient nécessaires à sa compréhension[20] ». En l'occurrence, c'est seulement si l'on pense ou si l'on veut convaincre que telle catégorie de la population est formée globalement de voleurs qu'il fallait indiquer que telle était l'origine des quatre jeunes femmes.

On voit ici qu'un cadrage d'apparence informationnelle peut très vite se révéler manipulateur, c'est-à-dire défendre implicitement une opinion. Dire ou écrire qu'un « jeune Maghrébin a attaqué une banque » suggère

---

18. Courrier des lecteurs cité par Thomas FERENCZI dans « L'avis du médiateur », *Le Monde*, 29-30 décembre 1996, p. 9.
19. *Ibid.*, p. 9.
20. *Ibid.*

en effet immanquablement que ce jeune a attaqué une banque parce qu'il est maghrébin, ou que son acte est, d'une façon ou d'une autre, en rapport avec le fait qu'il est maghrébin. La question n'est pas ici qu'on défende une opinion (encore faudrait-il s'interroger sur le statut d'une telle opinion) mais le fait que l'on fasse passer une opinion pour une information. Là réside l'acte manipulatoire. D'une façon générale, on le reconnaîtra au fait qu'il dissimule son propre statut d'opinion, c'est-à-dire de point de vue légitimement orienté, pour tenter de s'établir comme vérité. L'actualité fait émerger régulièrement, dans les photos de presse, des barbes rajoutées que ne portent pas habituellement les jeunes de banlieue photographiés, en vue évidemment de suggérer les progrès de l'islamisme. À l'inverse, sans doute pour défendre une bonne cause, certains objets disparaissent, comme la bouteille tenue par un jeune, abattu par un policier, dans un film qui avait été tourné chez lui (sans rapport avec l'événement) et qu'un journaliste de France 2 avait truqué [21]. Qu'il y ait dans un cas « bon sentiment » ou dans l'autre « procès d'intention » ne change rien à la nature de l'acte manipulatoire.

Le cadrage contraignant

Le cadrage contraignant constitue une des formes les plus manipulatrices de l'intervention sur le message destiné à convaincre. Il relève véritablement d'une stratégie destinée à tromper l'autre qui, parce qu'elle n'est pas instantanée et fonctionne en deux temps, appelle une claire conscience, de la part du manipulateur, de ce qu'il fait.

---

21. Voir *Le Monde,* 18-19 février 1996, ou l'article de Marie-Dominique ARRIGHI, *Libération,* 20 février 1996, p. 40.

Techniquement, ce type de cadrage consiste à obtenir de l'auditoire un consentement sur une opinion, ou l'adoption d'un comportement, qui ne pose aucun problème d'acceptation. Mais l'acceptation de cette opinion, ou de ce comportement, va servir de point d'appui efficace pour faire accepter une seconde opinion (celle qui importe en fait au manipulateur). Ainsi le premier acquiescement, sans conséquence, va-t-il entraîner, quasi automatiquement, mais en fait avec une violence sous-jacente extrêmement forte, le second qui, lui, est beaucoup plus impliquant.

Joule et Beauvois ont consacré une partie importante de leur ouvrage sur la manipulation à analyser cette technique et ses différentes variantes. Cette lecture est particulièrement troublante. Les auteurs soutiennent que, « si nous regardons autour de nous, nous nous rendons très vite compte que des pratiques manipulatoires [...] foisonnent dans l'existence sociale [...] dans nos relations les plus intimes avec nos proches [...] dans notre environnement économique, notre environnement politique, dans les relations directes de pouvoir[22] ». Après avoir décrit différentes techniques de manipulation, les auteurs soulignent que « c'est de loin le pied-dans-la-porte, l'enfant chéri des manipulateurs. Il vient spontanément à l'esprit et il est autorisé par la loi[23] ». De quoi s'agit-il ?

Le « pied-dans-la-porte », expression forgée par Joule et Beauvois, et que nous appelons ici le cadrage contraignant, est une « technologie comportementale » qui implique que le manipulateur réalise un « détour » destiné à « obtenir avant toute chose un comportement ou une décision qui ne présente d'autre intérêt pour lui

22. Robert-Vincent Joule et Jean-Léon Beauvois, *op. cit.*, p. 168.
23. *Ibid.*, p. 170.

que d'en préparer d'autres. Aussi, cette manipulation ne peut être que délibérée[24] ». Il s'agit donc de créer une situation où l'individu est piégé par une décision initiale.

Joule et Beauvois donnent notamment pour exemple une séquence comportementale courante, dans laquelle un père demande à son fils de cesser un instant de jouer avec ses amis et de bien vouloir aller acheter des cigarettes au tabac qui est à deux pas. L'enfant ayant accepté, son père lui annonce alors que ledit tabac est fermé et qu'il faut aller au bourg voisin (l'exemple se déroule à la campagne), ce qui va évidemment lui prendre beaucoup de temps et lui gâcher une partie de l'après-midi. L'idée est ici que le père n'obtiendrait sans doute pas l'assentiment de son fils s'il lui demandait directement d'aller au bourg voisin. Il fait donc un détour manipulateur en obtenant l'accord pour un premier comportement dit de « faible coût ». Le cœur de la manipulation est le lien qui existe entre le premier et le second comportement, qui fait que la personne manipulée, sans trop savoir pourquoi mais en éprouvant souvent un sentiment confus et désagréable, se sent pratiquement contrainte de se soumettre à la seconde injonction.

• *La manipulation expérimentale.* – Joule et Beauvois abordent cette question en tant que psychologues sociaux. Ils relatent dans leur ouvrage de nombreuses expériences de type scientifique qui consistent à mesurer statistiquement les comportements individuels dans des situations de manipulation créées de toutes pièces. Selon ces auteurs, on réalise depuis 1966 des expériences de ce type sur les stratégies de « pied-dans-la-porte ». La

24. *Ibid.*, p. 45

première expérience, montée à Palo Alto, en Californie, par deux Américains, J. L. Freedman et S. C. Fraser, consista à inciter des ménagères à recevoir chez elles, dans le cadre d'une prétendue enquête sur leurs habitudes de consommation, une équipe de cinq à six hommes qui devaient avoir toute liberté pour pénétrer dans la maison et procéder à un inventaire des objets s'y trouvant et en plus administrer un questionnaire pendant deux heures et demie. La demande était donc assez lourde.

Les expériences de ce type ont toutes la même structure : on tente de convaincre directement un premier groupe de personnes et ensuite on tente d'en convaincre un second, en utilisant un procédé manipulatoire. En l'occurrence, il s'agit ici de réaliser dans un premier temps une enquête téléphonique légère, comportant seulement quelques questions, puis de rappeler trois jours après les personnes ainsi contactées une première fois (mais qui ne savaient pas qu'on les rappellerait) pour leur faire la vraie demande. Les expérimentateurs comparent alors, pour les deux groupes, les taux d'acceptation de la demande. Les demandes directes ont peu de succès, les demandes formulées avec un tel procédé manipulatoire rencontrent beaucoup plus d'« adhésions ».

De très nombreuses expériences ont été réalisées pour analyser ce phénomène sous tous les angles. Elles font toutes apparaître une efficacité comportementale certaine de la manipulation. L'observation montre que au-delà bien évidemment des situations expérimentales que créent les psychologues sociaux, ces « technologies comportementales » qui opèrent des cadrages contraignants sont légion dans la vie courante. On a par exemple remarqué aux États-Unis que ces techniques ont longtemps été utilisées *systématiquement* dans la vente des automobiles. Une variante commerciale de ces méthodes est bien connue en France, même si son systématisme a fini par lui nuire. Elle consiste, pour les agences de voyages, à annoncer un prix dérisoire pour un billet d'avion en cachant le fait que ce prix n'est valable qu'« à certaines dates », en général fort restreintes. Beaucoup de personnes attirées par ce prix annoncé prendront contact avec l'agence et feront le même voyage... au prix normal.

Le cadrage contraignant connaît de nombreuses autres variantes, comme celle qui consiste, si l'on veut obtenir un comportement A, à solliciter un comportement B beaucoup plus coûteux – et inventé de toutes pièces pour l'occasion. Après un refus prévisible, le comportement A apparaît ainsi sous un angle nouveau, soudain beaucoup plus acceptable. Ainsi solliciter à un ami ou à une connaissance un prêt de, par exemple, 100 000 francs, pour, après refus embarrassé, se contenter de demander 3 000 francs. L'expérience montre que ce type de technique permet d'obtenir des résultats, faute peut-être d'entretenir l'amitié...

L'amalgame cognitif

La seconde grande technique est l'amalgame cognitif. Il consiste à rendre acceptable une opinion en construisant un message qui est un mélange de cette opinion, sans discussion de son contenu, avec un élément extérieur, *sans rapport immédiat avec cette opinion,* mais considéré, lui, comme déjà accepté par l'auditoire. On transfère ainsi l'acceptabilité de cet élément extérieur, que l'on va chercher en aval, sur l'opinion elle-même. La différence entre l'amalgame affectif, que nous avons déjà évoqué, et l'amalgame cognitif est que, dans un cas il y a une association non fondée avec un élément affectif, un sentiment, une image, alors que, dans l'autre, on suggère un lien de causalité, qui n'est pas, lui non plus, fondé. C'est pourquoi on parlera aussi bien de lien de causalité non fondé.

Les leviers pour convaincre

L'usage de l'amalgame cognitif est ancien. Il fait partie des ressources de la langue où rien ne nous interdit syntaxiquement d'accoler artificiellement des termes et de suggérer une association entre eux. La publicité utilise au moins depuis les années vingt ce procédé qui transforme radicalement le caractère simplement informatif du message en l'augmentant avec des éléments extérieurs. Serge Tchakhotine l'évoque ainsi : « Un mot, en lançant dans notre esprit une image, a une action de déclencheur dans la direction voulue par celui qui le lance. Les propagandistes ou chefs de publicité astucieux le savent. Ils utilisent à bon escient des mots qui sont des instruments pour provoquer non seulement des réponses qu'ils supposent que nous serions amenés à donner, mais aussi surtout des réponses qui servent dans un but dans lequel ils sont intéressés. Ainsi, toute l'efficacité de la publicité commerciale dépend de ces mots et symboles, déclencheurs d'actions dans la direction voulue[25]. » Un autre auteur cité par Tchakhotine, Clyde Miller, analyse ce phénomène, qui consiste à aller chercher dans « les modèles qui peuplent notre psychisme [...] qui peuvent être allumés ou éteints dans notre esprit [...] des mots, symboles ou actions qui servent alors de déclics ».

Clyde Miller distingue quatre grandes familles. Les « leviers de vertu » *(virtue device)* permettent de faire

25. Serge TCHAKHOTINE, *op. cit.*, p. 104.

accepter des personnes, des produits ou des idées, en les associant avec des mots ou des symboles tenus pour « bons », par exemple « démocratie », « liberté », « justice », « patrie ». Les « leviers poisons » *(poison device)* proposent une association avec des « mauvais » mots, symboles et actes qui font appel à la peur, au dégoût, comme, par exemple, « guerre », « mort », « fascisme », « immoral », etc. Les « leviers d'autorité » ou de « témoignage » *(testimonial device),* qui emploient la voix de l'expérience, de la connaissance, de l'autorité et s'appuient sur le témoignage, l'avis de personnes bien connues, ou sur des institutions. Ils peuvent s'appuyer sur des « exemples horrifiques » ou, au contraire, « méritoires » ; des exemples de tels mots sont Roosevelt, Lénine, science, Dieu, etc. Les « leviers de conformisation » *(together device)* font appel à la solidarité, à la pression des émotions ou des actions collectives. Ce levier s'applique surtout pour gagner les masses. Des exemples de tels mots, selon Miller, sont : « chrétienté », « L'union fait la force », « Deutschland über alles ».

D'après Tchakhotine, « les mots poisons et mots vertus déclenchent ces réflexes et cherchent ainsi à nous contraindre à rejeter ou accepter automatiquement [...]. Ce qui les caractérise surtout, c'est qu'ils opèrent rapidement[26] ». Ainsi s'établit, dans l'amalgame – qu'il s'agisse de l'amalgame cognitif ou de l'amalgame affectif –, une dialectique curieuse entre l'automaticité de la réaction et la nécessité de la répétition. En fait, l'amalgame, pour être opérant comme procédure manipulatoire, doit comporter des éléments si saisissants qu'ils agissent quasi immédiatement. Mais cette influence automatique, en forme de réflexes conditionnés, risque de ne pas

26. *Ibid.*, p. 105-106.

durer dans le temps et de s'effacer progressivement de la conscience. Ainsi s'impose la nécessité de la répétition qui réimprime régulièrement le réflexe initial.

Lorsqu'on les analyse de près, on constate que ces « leviers » opèrent sous forme de réflexes conditionnés de type pavlovien, dont ils ont toutes les caractéristiques. On sait que le conditionnement des réflexes pavloviens fait appel à des associations sans fondement, mais dont la répétition finit par provoquer une automaticité de la réaction et un transfert de sensations de l'un vers l'autre terme. Ainsi, dans l'exemple des cachous Lajaunie, l'association répétée de la vision du produit avec un stimulus d'ordre sexuel finit par imprégner le produit de cette connotation pourtant artificielle. Le résultat est qu'au bout d'un certain temps il n'y a plus besoin de voir le mannequin : la vision de la petite boîte de cachous seule provoque un étrange sentiment de plaisir, voire les prémices de ce qui pourrait bien apparaître comme une attirance d'ordre sexuel. Certains psychanalystes pourraient parler à cette occasion de « fétichisme ».

Une manipulation réussie fait oublier les deux termes de l'association initiale, pour ne plus présenter que le produit augmenté de connotations dont on ignore désormais l'origine. Une publicité réussie produit son effet bien après qu'elle a cessé. Un acte de propagande également.

Les campagnes de publicité réalisées depuis 1991 pour la firme United Colors of Benetton par Oliviero Toscani ont suscité de nombreux débats autour du caractère jugé choquant par certains des images proposées (par exemple, des fesses d'homme sur lesquelles un tampon « HIV » a été apposé). Ce publicitaire italien considère en effet que la publicité traditionnelle est « un mensonge qui ne se réalisera pas et contribue donc à rendre les gens malheureux ». Il propose des images sans rapport avec le produit, dont la fonction est de provoquer une émotion forte traduisant la vision du monde qu'a une entreprise. Le type d'association recherchée est ici clairement annoncé : sans rapport et le plus choquant possible, dans l'espoir que l'auditoire mémorise le produit ainsi promu.

La cigarette virile

Un tel réflexe conditionné, qui utilise à la fois l'automatisme et la répétition, est particulièrement visible dans le cas de la campagne pour les cigarettes Marlboro, telle que l'analysait déjà Vance Packard en 1958. L'usage du bout filtre des cigarettes Marlboro en faisait, à l'époque, une cigarette « fumée par des femmes ». Or les fumeurs étaient beaucoup plus nombreux que les fumeuses et Marlboro cherchait à développer un vaste marché pour ses cigarettes. « Les dirigeants de la compagnie, rappelle Packard, décidèrent de rechercher la clientèle des hommes tout en conservant celle des femmes autant que possible [...]. La société Marlboro fit représenter sur ses réclames des hommes d'aspect viril occupés à un dur travail (marins, cow-boys) et les légendes annonçaient « goût masculin" [27]. » On voit ici que le message construit relève d'une double opération, d'une part, aller chercher, dans l'esprit du public visé, un indicateur de virilité, en vue d'associer artificiellement la cigarette à « quelque chose de masculin » et, d'autre part, construire cet indicateur de virilité à partir de la représentation de professions ou de pratiques « rudes et rustiques ». Les mannequins utilisés à cette occasion portaient de façon visible un tatouage (signe

27. Vance PACKARD, *op. cit.*, p. 95.

distinctif, à cette époque, des voyous). Pierre Martineau, un des apôtres de la recherche des motivations, déclara que « les personnages d'une masculinité exceptionnelle et les tatouages symboliques plaçaient cette cigarette au cœur de certaines significations de l'acte de fumer : masculinité, état d'adulte, vigueur et puissance[28] ».

Il importe ici de rappeler qu'il n'y a aucun rapport entre, d'une part, la masculinité et la virilité et, d'autre part, la texture, la composition ou le goût des cigarettes Marlboro. Si la compagnie avait décidé de développer son produit auprès du public féminin, elle aurait pu faire concevoir des messages qui auraient montré des « femmes féminines » marquant de leur rouge à lèvres des bouts filtres de cette cigarette si caractéristique de la féminité. Matériellement, il se serait agi de la même cigarette, mais le message aurait été radicalement différent.

La campagne Marlboro, qui débute à la fin des années cinquante, dure encore aujourd'hui – au moins dans les pays qui acceptent encore la publicité pour le tabac, c'est-à-dire la plupart. Le cow-boy rustique et viril a bien survécu à l'usure du temps. Il s'est en particulier très bien adapté au nouveau goût pour la nature. Solitaire devant un feu de bois, en pleine nature sauvage, il incarne particulièrement bien les nouvelles tendances, mais la cigarette qu'il fume est toujours aussi peu en rapport avec cette image. Le tabac qui la compose n'a en lui-même rien de « viril ». Mais, en près de quarante ans, le message associant ceci à cela a été répété des centaines de milliers de fois. Tel le chien de Pavlov salivant à l'écoute d'une sonnerie, nous sommes aujourd'hui persuadés qu'il s'agit bien là d'une cigarette « virile ».

28. *Ibid.*, p. 95.

Tous les messages publicitaires n'utilisent pas la technique de l'amalgame. Celle-ci suppose, rappelons-le, une absence de lien entre le produit proposé et l'image qui lui est associée. Lorsque, par exemple, « l'idée est de vendre le brasillement plutôt que la viande », pour reprendre la formule de Vance Packard, nous sommes encore dans une mise en scène du produit qui exclut le recours à l'amalgame, mais, si l'on devait faire un bilan global des messages publicitaires, nous nous rendrions compte qu'une bonne partie d'entre eux proposent des images dont le rapport avec le produit est pour le moins distendu. En fait, majoritairement, le monde des images que nous propose la publicité est assez éloigné de la réalité des produits.

L'amalgame xénophobe

La manipulation par amalgame cognitif a été et est encore largement utilisée par l'extrême droite. Depuis le XIXe siècle et l'éclosion des théories racistes « modernes », le noyau dur de la propagande de ce courant d'idées est constitué par l'amalgame fait entre la présence d'étrangers sur le sol national et la plupart des grands problèmes des sociétés contemporaines. Cet amalgame est si central, si fortement enraciné dans la culture moderne, qu'il occupe le plus souvent une position dominante, y compris dans les consciences démocratiques.

Dans la première partie de son ouvrage consacrée à la construction de l'antisémitisme « moderne » dans l'Allemagne du XIXe et du début du XXe, Daniel Jonah Goldhagen montre que tout l'effort de la propagande porta sur la répétition obsessionnelle de la « relation d'identité entre Juifs et dysfonctionnements sociaux ». Cette conception des Juifs, ajoute-t-il, « était si puissante, si centrale, qu'aux yeux des antisémites tout ce qui n'allait pas dans la société, de son organisation sociale à ses mouvements politiques et à ses difficultés économiques, était lié aux Juifs, quand ils n'en étaient pas la cause directe[29] ».

Cet amalgame est aujourd'hui au cœur de la propagande de l'extrême droite française et européenne et son influence a gagné, par cercles concentriques, bien des milieux politiques au-delà de son milieu d'origine. Le dirigeant socialiste français Lionel Jospin alla même jusqu'à déclarer à la télévision qu'il ne croyait pas lui-même dans les termes de cette « équation » (entre étrangers et problèmes de la société française), mais que, dans la mesure où une partie significative de l'opinion française y croyait, il fallait que les socialistes en tiennent compte dans leur politique ! Il justifiait ainsi une certaine retenue dans la critique de la « politique d'immigration » de la droite française.

Cet amalgame constitue l'axe central de la propagande du Front national. Il est réaffirmé, sous les formes les plus diverses, en chaque occasion. Tantôt on désigne les « immigrés », tantôt l'« immigration », tantôt « les Arabes », tantôt « les Juifs », parfois « les Américains », toujours « les étrangers ». La structure du message est toujours la même, dans son effarante simplicité. Elle consiste, dans un premier temps, à identifier un problème, auquel l'opinion ou une partie d'entre elle est particulièrement sensible : la délinquance, le chômage, les bas salaires, les fermetures d'entreprises, la paralysie du politique, la mutation des valeurs, les épidémies, les maladies, etc. Dans un second temps, on compose un message associant ce problème à la présence d'étrangers, ou de « Français indûment naturalisés », qualifiés par recadrage de « Français de papier ». La paralysie du

29. Daniel Jonah Goldhagen, *op.cit.*, p. 67.

politique (en l'occurrence, l'inaction supposée du président de la République Jacques Chirac) a été ainsi mise, sur le compte, début 1997, de l'action des « lobbies juifs ».

La presse d'extrême droite martèle cet amalgame sous toutes ses formes, y compris les plus inattendues. Ainsi, au printemps 1997, en pleine vague de sensibilisation du public aux problèmes des pratiques pédophiles, le quotidien *Présent* publiait en première page cette information dont la chute montre bien les possibilités de fonctionnement à la limite de l'amalgame en question : « Une grosse affaire de pédophilie, la plus importante de ce genre en France, a éclaté mercredi [...]. Les enquêteurs ont saisi près de 5 000 cassettes pornographiques, dont 10 % étaient à caractère pédophile. Les cassettes se négociaient entre 400 et 600 francs. Leurs malheureux protagonistes sont des garçons et des filles, tous de race blanche et âgés de six mois jusqu'à l'adolescence[30] ». Question : si les victimes sont « blanches », quelle est la couleur des agresseurs ? Notons tout de même que ce journal est le seul à avoir publié cette « information ».

Communication ou manipulation

Un autre domaine utilise fréquemment l'amalgame, au point qu'il devient parfois sa marque de fabrique, c'est celui de la communication, et notamment ce secteur de la communication chargé de construire de toutes pièces l'image d'une entreprise, d'une ville ou d'une région. Il est vrai que, souvent, les professionnels consciencieux et dotés d'une certaine déontologie réclament qu'il y ait un rapport, fût-il ténu, entre l'image

---

30. *Présent*, n° 3795, 14 mars 1997.

construite et le « produit » promu. Mais la pression des demandeurs est souvent forte et la communication se transforme alors en véritable manipulation, compte tenu du décalage entretenu entre la réalité du phénomène et son image.

6

Un exemple de manipulation globale

Nous venons, dans les deux chapitres précédents, d'isoler, à travers différentes catégories, onze grands procédés de manipulation. Le tableau suivant récapitule cette vaste palette de moyens couramment utilisés.

	Manipulation des affects		*Manipulation cognitive*	
	Appel aux sentiments	Recherche d'un effet fusionnel	Cadrage manipulateur	Causalité non fondée
Séduction par la personne	*			
Séduction par le style	*			
Esthétisation du message	*			
Recours à la peur	*			
Répétition du message		*		
Hypnose et synchronisation		*		
Recours au toucher		*		
Cadrage menteur			*	
Recadrage abusif			*	
Cadrage contraignant			*	
Amalgame	*			*

Nous avons présenté ces différentes techniques de façon séparée, mais il est rare qu'un acte manipulatoire ne combine pas ces différents éléments. Nous prendrons ici pour exemple d'une telle combinaison, dans le domaine politique, une manipulation tentée – et en partie réussie du point de vue de l'auditoire – par un dirigeant d'extrême droite à la télévision. La situation est constituée par un entretien significatif, demandé par la chaîne privée généraliste TF1 à Jean-Marie Le Pen, lors de l'émission « 7/7 » du dimanche 26 février 1995[1]. L'événement auquel il est fait directement allusion ici est constitué par le fait que deux colleurs d'affiches du Front national venaient d'abattre dans le dos un jeune homme d'origine comorienne, suscitant une vaste émotion dans le pays. Les deux journalistes présents, dont Gérard Carreyrou (la présentatrice habituelle de l'émission, Anne Sinclair, ayant refusé de recevoir Jean-Marie Le Pen), interrogent donc ce dernier à ce sujet.

Il est important de pouvoir décrypter avec précision les paroles prononcées lors de tels entretiens, d'autant plus qu'elles impressionnent l'auditoire sans que celui-ci ait la possibilité de revenir en arrière comme c'est le cas dans le texte écrit. Là réside sa force car il est difficile dans de telles circonstances de s'interroger sur les raisons qui conduisent à accepter ce qui a été dit, ou à le refuser. La manipulation, nous l'avons vu, est, justement, un empêchement immédiat de décryptage. La retranscription du script de l'émission est donc nécessaire pour la bonne compréhension des procédés utilisés. Nous en reproduisons ici de larges extraits que nous analyserons à partir des éléments du tableau 1.

1. Cet exemple, a fait l'objet de discussions approfondies avec plusieurs autres collègues spécialistes des questions d'argumentation, notamment Jean Mouchon, Uli Windisch, Gilles Gauthier, Jacky Simonin, Simone Bonnafous.

Le texte d'un débat riche en manipulation

1. – J.-M. LE PEN : *Je voudrais d'abord qu'on ne préjuge pas, alors que l'affaire est entre les mains de la justice, des circonstances dans lesquelles se sont déroulés ces accidents graves qui ont entraîné la mort d'un jeune homme, ce que je déplore profondément. J'ai d'ailleurs fait connaître mon opinion immédiatement en disant combien j'en étais peiné et navré et combien je partageais la tristesse et la douleur de sa famille et des siens. Mais j'ajoutai aussi que je le considérais comme une victime, ainsi que ceux qui se trouvaient impliqués dans cette affaire, victimes de l'atmosphère qui règne dans ces banlieues, et qui sont génératrices de peur, d'inquiétude, d'angoisse et quelquefois de gestes d'autodéfense. Par conséquent, je voudrais que l'on ne qualifie pas, surtout pas d'assassinat qui est un terme tout à fait particulier du droit pénal français.*

2. – G. CARREYROU : *[...] Vous ne trouvez pas qu'en parlant d'incidents vous êtes en dessous de ce qui c'est passé ?*

3. – J.-M. LE PEN : *J'ai dit « accidents », monsieur.*

4. – G. CARREYROU : *Oui, accidents.*

5. – J.-M. LE PEN : *Vous avez mal compris. C'est une manière curieuse, vous entendez toujours mal. C'est étonnant, je dis « accidents », vous, vous comprenez « incidents ».*

6. – J.-M. LE PEN : *[...] J'ai là à votre disposition une liste de quatre-vingt-dix attentats ayant entraîné huit morts dont on n'a jamais parlé. Des gens qui sont dans le coma depuis des mois. Des mutilés graves dont on n'a non plus jamais parlé. Il semble que, cependant, la mobilisation médiatique ne se fasse pas dans un certain type de relations, surtout quand il y a une personne de couleur ou* a fortiori *un immigré impliqué et des gens du* Front national. *Je voudrais récuser... [...]*

7. – G. Carreyrou (en parlant des militants du FN) : À Marseille, sont-ils victimes ou agresseurs ?

8. – J.-M. Le Pen : Je crois que les uns et les autres sont victimes. Il s'agit d'un drame de l'autodéfense. Il s'agit de gens qui, à tort, se sont armés, qui sont dans la nuit dans un quartier nord, qui est leur quartier, je vous le rappelle, c'est le quartier des colleurs d'affiches où l'on sait bien qu'il y a une très grande tension liée au phénomène de l'immigration. Je voudrais dénoncer ici ceux qui se font les justiciers, qui prennent la tête de manifestations de protestation et qui sont les responsables de la politique qui a amené dans notre pays dix millions d'immigrés en l'espace de vingt ans.

9. – G. Carreyrou : Nous allons en parler tout à l'heure. L'immigration, je sais que vous êtes très attaché à ce thème.

10. – J.-M. LE Pen : Sur le fait lui-même, il n'y a pas un homme de cœur qui ne pourrait être touché par la mort d'un jeune homme et ne pas partager la douleur de ses parents. Ceci est une chose. [...] À la question qui a été posée tout à l'heure : comment jugez-vous le fait que le nom du Front national *soit associé à la violence ? Je vous réponds, monsieur, « c'est beaucoup plus par les violences qui sont faites au* Front national *que par les violences du* Front national *lui-même ».*

Analyse de la séquence 1

Je voudrais d'abord qu'on ne préjuge pas, alors que l'affaire est entre les mains de la justice, des circonstances dans lesquelles se sont déroulés ces accidents graves qui ont entraîné la mort d'un jeune homme, ce que je déplore profondément.

Cette phrase recèle une contradiction interne, provoquée par un *recadrage abusif*, en l'occurrence le terme *accidents*, alors que nous sommes en présence d'un homicide. L'orateur demande *qu'on ne préjuge pas*, ce qui peut être considéré comme légitime dans le débat, mais il qualifie pourtant, avec ce terme d'accident qui n'est pas neutre et qui, lui, préjuge bien.

La technique ici consiste à exiger d'autrui un comportement qu'on ne s'impose pas à soi-même : le journaliste ne doit pas, dans sa question, préjuger, alors que l'orateur, lui, se l'autorise. On constate au passage que cette contradiction est un viol de la règle de symétrie et d'égalité qui est implicite dans tout débat, sauf à ce que la violence s'y installe, ce qui est le cas ici. Le chef est celui qui recadre et qui empêche les autres de recadrer autrement. Le *recours à la peur et à l'autorité* se combine ici avec un recadrage abusif.

...la mort d'un jeune homme, ce que je déplore profondément. J'ai d'ailleurs fait connaître mon opinion immédiatement en disant combien j'en étais peiné et navré et combien je partageais la tristesse et la douleur de sa famille et des siens.

Difficile ici d'évaluer la sincérité de ce discours tenu dans l'espace public, quand on sait par ailleurs le peu de caractère humaniste des propos tenus sur les étrangers, en privé, par certains dirigeants du Front national. Il est évidemment difficile, en public, de se réjouir de la mort de quelqu'un. Si le propos n'était pas sincère (ce n'est qu'une hypothèse), nous serions dans l'épure d'une *séduction démagogique* où l'orateur va dans le sens d'une partie du public sans partager pour autant l'opinion qu'il défend, afin d'en attirer les bonnes grâces sur sa personne.

... Mais j'ajoutai aussi que je le considérais comme une victime, ainsi que ceux qui se trouvaient impliqués dans cette affaire, victimes de l'atmosphère qui règne dans ces

banlieues, et qui sont génératrices de peur, d'inquiétude, d'angoisse et quelquefois de gestes d'autodéfense.

Le cadrage manipulateur est amené habilement : la victime est bien une victime, tautologie censée nous rassurer, mais l'extension du cercle des « victimes » va inclure « ceux qui se trouvaient impliqués dans cette affaire ». Il s'agit là d'un *cadrage contraignant*, car évoquer ceux qui sont impliqués dans cette affaire constitue une proposition dissimulant ses conséquences, qui sont d'admettre dans cette catégorie ceux qui ont abattu le jeune homme. Dire que, finalement, tout le monde est victime, ici, recadre sur un pied d'égalité victimes et tueurs. Puisqu'il y a des victimes, il faut donc des coupables : un *recadrage abusif* évoquera donc les « victimes de l'atmosphère qui règne dans ces banlieues ». Une série *d'amalgames* en forme de pseudo-chaîne causale va ensuite s'enchaîner, associant « banlieues-peur-inquiétude-angoisse-gestes d'autodéfense ». L'orateur suggère ce qu'il avait pourtant interdit au journaliste de faire, une qualification de l'homicide en forme de « gestes d'autodéfense ».

Par conséquent, je voudrais que l'on ne qualifie pas, surtout pas d'assassinat qui est un terme tout à fait particulier du droit pénal français.

Ayant ainsi neutralisé chez l'autre la possibilité de préjuger, l'orateur va dénier la possiblité de parler d'« assassinat », réutilisant, pour conclure, cette étape de sa prise de parole (il s'agit techniquement d'une péroraison), le recours à la peur et à l'autorité.

On peut déjà constater, à la fin de cette séquence, l'abondance et l'enchevêtrement de procédés manipulatoires que l'orateur enchaîne sans répit et qu'il est bien difficile de distinguer lorsqu'on les écoute sur une plage de temps qui dure à peine quelques dizaines de secondes.

Analyse des séquences 2 à 7

Avec la séquence n° 2, le journaliste, qui semble avoir compris l'enjeu du cadrage manipulateur, tente de revenir sur un cadre plus réaliste. Il échoue toutefois dans sa tentative car l'orateur va quitter le terrain de la manipulation cognitive pour glisser sur celui d'une manipulation affective en se présentant comme victime, « mal compris », qu'on « entend toujours mal », qui mélange la séduction et l'autorité. Tour à tour, il va utiliser la *séduction par la personne* et le *recours à la peur*. Le journaliste est l'objet au passage d'un *recadrage abusif* car il est présenté comme étant, lui, le manipulateur.

[...] J'ai là à votre disposition une liste de quatre-vingt-dix attentats ayant entraîné huit morts dont on n'a jamais parlé. Des gens qui sont dans le coma depuis des mois. Des mutilés graves dont on n'a non plus jamais parlé. Il semble que, cependant, la mobilisation médiatique ne se fasse pas dans un certain type de relations, surtout quand il y a une personne de couleur ou a fortiori *un immigré impliqué et des gens du* Front national. *Je voudrais récuser...*

L'orateur a recours ici à un énoncé de faits qu'il présente immédiatement comme non connus du public puisque les médias n'en ont pas parlé. On notera que le Front national ne semble pas – sous réserve d'inventaire – en avoir beaucoup parlé non plus. Pour beaucoup d'auditeurs, c'est en tout cas la première fois qu'une telle liste est évoquée. Le *recours à la peur* est patent et, si ces chiffres sont une invention pour l'occasion, nous sommes en face d'une véritable entreprise de désinformation, c'est-à-dire de *cadrage menteur*. Suite à une intervention du journaliste, rappelant à son tour qu'il y a eu plusieurs victimes de militants du Front national, le débat s'arrête sur ce point. S'arrête-t-il sur un « match nul », qui attesterait que l'orateur a raison, autant que le journaliste ?

Avec la séquence n° 7, le journaliste tente alors de repartir du cadrage manipulateur de la séquence n° 1 en posant une question sur le cadrage des militants du Front national comme « victimes ou agresseurs ». On voit ici que le journaliste est piégé dans son rôle médiatique – du moins la représentation qu'il en a – qui se contente de poser des questions et non pas d'être garant affirmatif d'une certaine objectivité, ou dénonciateur d'une manipulation se déroulant sous ses yeux. Sa question-recadrage légitime donc en partie, à son corps défendant, le recadrage abusif proposé par l'orateur, qui est ainsi réaffirmé.

Analyse des séquences 8 et 9

Je crois que les uns et les autres sont victimes. Il s'agit d'un drame de l'autodéfense. Il s'agit de gens qui, à tort, se sont armés, qui sont dans la nuit dans un quartier nord, qui est leur quartier, je vous le rappelle, c'est le quartier des colleurs d'affiches où l'on sait bien qu'il y a une très grande tension liée au phénomène de l'immigration. Je voudrais dénoncer ici ceux qui se font les justiciers, qui prennent la tête de manifestations de protestation et qui sont les responsables de la politique qui a amené dans notre pays dix millions d'immigrés en l'espace de vingt ans.

L'orateur reprend alors, sur le mode de la répétition (*« victimes »* revient une nouvelle fois), les thèmes déjà utilisés. Un *recadrage abusif* présente des gens qui « se sont armés », mais seulement « à tort » (on a simplement « tort » d'avoir une arme, alors qu'il y a là peut-être le motif d'une qualification en termes judiciaires). Ensuite vient un *cadrage contraignant* discret mais efficace, qui consiste à dire que ces gens (les assassins) sont chez eux dans ce quartier qui « est leur quartier, je vous le rappelle, c'est le quartier des colleurs d'affiches ». Ce « chez eux » cache le fait que le jeune homme assassiné n'était, lui, pas « chez lui », puisque... comorien.

En peu de mots, un *amalgame cognitif* puissant vient en rappel de toutes les autres formes prises par cet amalgame dans le débat public : « Une très grande tension liée au phénomène de l'immigration ». L'association non fondée mais affirmée entre « immigration » et « très grande tension » a évidemment fonctionné ici comme un élément central de la manipulation opérée. Nul besoin pour l'orateur de le développer longuement, chacun l'a déjà entendu des milliers de fois. Le journaliste tente (séquence n° 9) d'isoler la question de l'immigration et de la séparer du débat en cours, mais l'effet a déjà eu lieu.

Cet amalgame permet d'ouvrir une chaîne de fausses causalités, qui va lier entre eux les étrangers aux « justiciers » qui les défendent et aux « responsables de la politique » d'immigration, chacun étant du coup associé à la « très grande tension ». Notons à cette occasion que les chiffres avancés (dix millions d'immigrés) relèvent d'un pur cadrage menteur que le journaliste ne dément pas.

La manipulation cognitive peut se résumer sur ce point ainsi : les assassins comme l'assassiné sont des victimes de la violence de ce quartier qui est elle-même provoquée par l'immigration. Au bout du compte, les assassins sont victimes des étrangers et l'étranger assassiné est victime de lui-même. La situation ainsi manipulée est complètement retournée : les assassins, parce qu'ils sont chez eux, sont des victimes et les victimes, parce qu'elles sont étrangères, n'ont plus qu'à s'en prendre à elles-mêmes. Rappelons les faits : un jeune homme sans implication dans la situation a été abattu dans le dos une nuit par deux colleurs d'affiches du Front national

Analyse de la séquence 10

Sur le fait lui-même, il n'y a pas un homme de cœur qui ne pourrait être touché par la mort d'un jeune homme et ne pas partager la douleur de ses parents. Ceci est une chose.

L'orateur reprend l'appel aux sentiments *(séduction démagogique)* déjà utilisé et analysé plus haut. Il s'appuie sur une disjonction couramment mise en scène par l'extrême droite qui dit s'en prendre à l'immigration mais pas aux immigrés. Il y a là évidemment un cadrage contraignant particulièrement bien dissimulé car la haine contre l'immigration a des conséquences cachées évidentes qui s'actualisent de temps à autre par le meurtre xénophobe. « Ceci est une chose » indique bien par l'inverse le lien qui existe entre ces deux niveaux.

À la question qui a été posée tout à l'heure : comment jugez-vous le fait que le nom du Front national soit associé à la violence ? Je vous réponds, monsieur, c'est beaucoup plus par les violences qui sont faites au Front national que par les violences du Front national lui-même.

Le journaliste avait effectivement commencé (la question n'est pas reproduite ici) par demander « pourquoi on associe trop souvent une image de violence à votre mouvement ? ». L'orateur termine donc sur ce point pour conclure le débat. Il le fait en utilisant un procédé de *séduction par le style.* On remarquera que cet orateur est habituellement beaucoup plus coutumier de ce type de procédé, cher à l'extrême droite. Le sujet particulièrement dramatique de ce débat lui a fait préférer plutôt l'usage de manipulations cognitives, qui sont dominantes. La dernière formule est néanmoins un chiasme (deux termes répétés et disposés symétriquement en formation inverse), utilisé en lieu et place d'un raisonnement : « les violences qui sont faites au Front national que par les violences du Front national lui-même ». Ce chiasme signe le retournement de situation auquel est parvenu l'orateur grâce à la manipulation du débat. Parti de la condamnation proposée par le journaliste d'un « acte barbare », le débat atterrit sur une condamnation des « violences qui sont faites au Front national », dont le dirigeant peut se poser, une fois de plus, en victime.

Un complexe de techniques manipulatoires

Un rapide bilan comptable des différents procédés recensés donne le tableau suivant, où l'on ne compte pas moins de dix-neuf recours à des techniques manipulatoires.

	Manipulation des affects		*Manipulation cognitive*	
	Appel aux sentiments	Recherche d'un effet fusionnel	Cadrage manipulateur	Causalité non fondée
Séduction par la personne	***			
Séduction par le style	*			
Esthétisation du message				
Recours à la peur	****			
Répétition du message				
Hypnose et synchronisation				
Recours au toucher				
Cadrage menteur			**	
Recadrage abusif			****	
Cadrage contraignant			**	
Amalgame				***

La lecture de ce tableau nous fournit en plus une « couleur » du débat et de la personnalité, à ce moment-là, de l'orateur qui s'y est engagé. On y voit en filigrane un personnage recourant essentiellement à la peur et à l'autorité pour faire passer des recadrages abusifs. Le tout nous indique une situation où l'orateur part d'une position défensive pour terminer sur une reconquête presque totale des positions. L'absence de recherche d'un effet fusionnel est également un bon symptôme de cette position défensive initiale.

Le croisement de l'appel à la peur et à l'autorité (d'ailleurs alterné avec la séduction démagogique) et du recadrage abusif illustre bien le fait que manipulation des affects et manipulation cognitive vont souvent de pair pour rendre le message globalement et puissamment manipulatoire.

7

Les deux effets de la manipulation

La tentation est grande d'évaluer la question des effets de la manipulation systématique de la parole à partir d'une alternative simple, qui voudrait que ces procédés « marchent » ou « ne marchent pas ». Une personne est manipulée, et, dans ce cas, elle obéit à une injonction, souvent sans le savoir, ou bien elle y résiste suffisamment pour que l'on puisse dire que l'entreprise a échoué. On suppose qu'un acte manipulatoire peut avoir un effet en tant que tel sur les consciences. Dans un certain nombre de situations, l'auditoire « décode » l'intention, décrypte le message et peut ainsi résister à son influence. Dans d'autres situations, il ne résiste pas, ou peu, et il obtempère, le plus souvent sans le savoir, du moins sans savoir pourquoi il le fait.

Dans les faits, tous ceux qui sont concernés par de tels processus savent que la question est plus complexe. Dans le cas des messages publicitaires, par exemple, la question de l'évaluation est très délicate : il est parfois difficile de savoir exactement ce qui marche quand ça marche. Jean-Noël Kapferer rappelle que, « paradoxalement, on ne sait pas comment la publicité fonctionne, par quel processus psychologique elle atteint ses effets[1] ». Même quand le produit promu se vend, et que l'on a

1. Jean-Noël KAPFERER, « Les chemins de la persuasion publicitaire », Sciences humaines, n° 38, avril 1994

ainsi des critères mesurables, il est difficile de savoir pourquoi il s'est vendu et quel aspect du message a obtenu l'adhésion.

Comme, la plupart du temps, la publicité se présente sous des aspects sophistiqués, ses effets ne se donnent pas facilement à voir. Il nous faut cependant tenter de mieux comprendre la réussite de ces entreprises. Nous nous appuierons sur la discussion de deux exemples, celui des campagnes en faveur du tabac, pour ce qui concerne la publicité, et la progression des idées xénophobes dans le contexte politique français. Ces deux exemples, à eux seuls, suffiraient à ruiner l'idée qu'aujourd'hui il n'y aurait plus de manipulation, ou que celle-ci serait « sans pouvoir et sans conséquence ».

Il manque ici la possibilité d'une évaluation quantitative plus serrée du nombre et même de l'ampleur des énoncés manipulatoires présents dans la vie publique aussi bien que dans le monde du travail. Sans une enquête approfondie, dont on imagine les difficultés, on ne peut se livrer qu'à des appréciations approximatives. Ainsi peut-on dire que la publicité comporte actuellement une majorité d'énoncés manipulatoires, d'intensité variable ; seule une forte minorité des messages dans ce domaine serait composée d'énoncés simplement informatifs, argumentatifs ou illustratifs, sans recours aux procédés que nous avons décrits précédemment.

Mais notre démonstration serait bien incomplète, au regard de l'ampleur du phénomène, si nous ne mettions pas en évidence un autre effet, moins connu, de la manipulation de la parole. Il concerne toutes les situations où, conscient de la présence de manipulation dans l'environnement mais sans capacité à la décoder, l'auditoire s'en défend en se déconnectant de toute parole. Ce repli protecteur génère, on s'en doute, de multiples effets pervers. Beaucoup de gens aujourd'hui, lassés de ce qu'ils supposent être des tentatives répétées d'obtenir malgré eux leur consentement sur toutes sortes de choses, de la consommation au politique jusqu'aux relations de travail ou même amicales, choisissent la voie de l'enfermement personnel.

Ce second effet de la parole manipulée relève d'une crise de confiance à l'égard de la parole en général. Cet effet est peut-être plus inquiétant que celui des manipulations réussies. Il dépasse largement l'acte local de manipulation pour créer globalement un rapport au monde qui tend à se développer. Ajoutée à d'autres causes, la pratique répétée de la manipulation a peut-être pour conséquence le développement de ce trait majeur de nos sociétés contemporaines : l'individualisme destructeur du lien social. Un bilan s'impose donc de ce point de vue. Il implique de poser un regard neuf sur la manipulation, qui dépasse l'effet immédiat ou l'analyse des valeurs que ces processus servent à promouvoir. En soi, indépendamment des valeurs, ou des produits qu'elle promeut, la manipulation a des conséquences sur notre vie sociale, même et, paradoxalement, surtout, quand elle échoue à nous manipuler.

La manipulation efficace

Commençons ce bilan par tous les cas où la manipulation atteint son but. Ne l'oublions pas, il n'y aurait pas tant de manipulateurs s'ils n'obtenaient pas des résultats. On laissera ici de côté le point de vue cynique et totalement irréaliste selon lequel la compétence des manipulateurs tient uniquement à ce qu'ils savent persuader ceux qui les financent de leur capacité à manipuler un public qu'ils sauraient imperméable par ailleurs à leurs messages. Dans notre société, l'efficacité et la rentabilité sont devenues des valeurs centrales pour ceux qui détiennent une partie importante du pouvoir. Nul doute que les sommes immenses consacrées à la publicité et à la communication politique, pour ne prendre que ces deux secteurs, sont supposées produire du « retour sur investissement ».

Comment contraindre à consommer

L'un des objectifs majeurs que le monde de l'industrie a cherché à atteindre à travers le travail des publicitaires dans la seconde partie du XXe siècle a bien été atteint. L'écoulement de biens de consommation produits en surnombre par rapport aux besoins de l'époque n'a en effet été rendu possible que par le véritable « forcing » auquel la publicité s'est livrée et se livre encore. La question pour nous n'est pas de savoir si cela est globalement une bonne chose, pour l'économie ou pour les individus. Cette question est discutable, au sens fort, et dépend des options de chacun. Certains y verront un gaspillage effréné, d'autres une source de création d'emplois et de dynamisme économique.

Le problème sur lequel nous voulons attirer l'attention est que cet objectif n'aurait pas été atteint si on avait simplement tenté de convaincre les gens par des moyens ordinaires. C'est d'ailleurs du constat de l'impossibilité de la publicité « traditionnelle » à réaliser cet objectif qu'est né et que s'est développé tout un secteur manipulatoire au sein de la publicité. C'est à partir de là que l'on a fait appel, comme nous l'avons vu, aux spécialistes des sciences sociales et de la communication, aux psychologues et aux experts en relations publiques.

La situation américaine est intéressante à analyser de ce point de vue. Comme l'a bien remarqué Stuart Ewen, la culture « traditionnelle » américaine était, du point vue de la consommation, très imprégnée de valeurs puritaines d'épargne et de valorisation du travail. Sans la vaste entreprise d'influence sur cette culture qu'a constituée une certaine forme de publicité, ces verrous essentiels dans la culture n'auraient sans doute jamais sauté de cette façon. Cette culture puritaine aurait, bien sûr, évolué au fil des années, mais certainement pas dans cette direction. L'argument selon lequel cette culture a cédé facilement parce qu'elle n'était pas enracinée en profondeur n'est guère convaincant au regard des milliards de dollars investis spécifiquement pour « façonner l'esprit » des gens avec des méthodes par ailleurs éprouvées scientifiquement.

Ce qui s'est passé en Occident depuis les années cinquante jusqu'à aujourd'hui, où le phénomène ne fait que s'amplifier jour après jour, est largement comparable, au niveau des méthodes et des moyens mobilisés, à la propagande mise en œuvre sous les régimes totalitaires. Le conditionnement de l'opinion n'y est pas moins intense. On serait même tenté de dire qu'il y est beaucoup plus fort et beaucoup plus efficace, à partir du moment où les régimes dits totalitaires se sont à peu près tous effondrés, tandis que les régimes libéraux, eux, prospèrent encore de ce point de vue. Il serait intéressant d'étudier comment s'opère, dans un pays comme la Russie, par exemple, le passage d'un contenu de propagande à un autre, alors que les méthodes de conditionnement restent globalement les mêmes, les slogans des banderoles rouges barrant les avenues ayant été remplacés par de grandes affiches publicitaires.

• *Une catastrophe pour la santé publique.* – L'emploi de la propagande et des méthodes manipulatoires suppose toujours une résistance de l'opinion. Sans cette résistance, un tel effort est inutile et relève du gaspillage. L'exemple de la publicité pour le tabac constitue un cas d'école de la façon dont on s'y prend pour briser une résistance.

L'histoire globale du tabac en Occident peut en effet s'écrire ainsi. Jusque dans les années cinquante, la consommation était faible et relativement circonscrite. Les fabricants faisaient de l'information publicitaire depuis déjà un certain temps. Elle se voyait opposer plusieurs résistances culturelles, comme par exemple un certain sentiment de culpabilité ou, pour les femmes, l'association avec une certaine vulgarité. On soupçonnait également que ce n'était pas très bon pour la santé, mais il n'y avait pas énormément d'inquiétude de ce côté-là. Les travaux scientifiques et médicaux montrèrent peu à peu qu'une association forte existait entre différents cancers et la consommation de tabac. *Dès lors les ventes chutèrent.* On constata à cette occasion un comportement relativement empreint de maturité du public et une certaine rationalité sociale en termes de santé publique, puisqu'une bonne information médicale avait des effets sur l'opinion. La suite de l'histoire aurait dû normalement être l'accroissement de la résistance au tabac et une marginalisation statistique des comportements de consommation dans un contexte où chacun est libre de fumer ou pas, à partir du moment où il est pleinement informé des conséquences de ses choix.

Mais l'histoire ne s'est pas déroulée ainsi. Devant la chute des ventes, les fabricants décidèrent de passer à l'offensive et de mobiliser des méthodes plus efficaces que celles de la publicité traditionnelle. Vance Packard raconte à ce sujet que l'on fit appel à un organisme de recherche en sciences sociales pour étudier en profondeur, grâce à des « techniques de sondages psychiatriques », le subconscient des fumeurs. On trouva chez quelques-uns d'entre eux une croyance qui n'était pas très développée jusque-là : ces personnes s'étaient en effet persuadées que fumer donnait des forces ou montrait que l'on avait du dynamisme et de l'énergie. Les publicitaires furent attentifs à cette croyance et s'empressèrent de la répandre et de la développer, puis, à partir d'une vaste entreprise d'amalgame, construisirent de toutes pièces des messages associant force et virilité à la consommation de tabac.

Ce message fonctionna comme un missile à têtes multiples. Les hommes y virent le moyen de montrer leur virilité. Les femmes saisirent l'occasion d'affirmer leur capacité d'émancipation. Les adolescents et les enfants purent montrer à peu de frais qu'ils étaient plus grands qu'ils n'en avaient l'air. Il y a mieux : à la réalité que les scientifiques décrivaient, à savoir l'affaiblissement chronique de l'organisme et la maladie, les publicitaires opposèrent la fiction de la force et de la bonne santé. Une rumeur s'installa qui persuada beaucoup de gens que chaque bouffée inhalée stimulait leur organisme. La perception concrète de l'acte de fumer s'en trouva profondément transformée (la même rumeur existe pour l'alcool, dont l'absorption par grand froid est censée « réchauffer l'organisme » là où, concrètement, elle abaisse encore plus la température du corps). Grâce à cet amalgame on construisit un message de nature propagandiste, répété des millions de fois sous tous les angles. *Les ventes reprirent et se développèrent considérablement.* La résistance était enfin vaincue. La culpabilité à fumer disparut en grande partie. L'information scientifique et médicale à ce sujet fut tournée en dérision et parut ridicule.

La consommation de tabac augmente massivement jusqu'en 1975, période à laquelle elle commence à fléchir. Le rapport de Catherine Hill, Françoise Doyon et Hélène Sancho-Garnier, qui fait le point sur cette question, indique que « la mortalité observée en 1990 est la conséquence d'habitudes tabagiques prises de vingt à cinquante ans auparavant [...]. Ce qui est le plus difficile à comprendre, c'est l'énorme décalage entre les causes et les conséquences [...] quand une génération entre dans le tabagisme, il faut cinquante ans pour qu'elle ait fini de payer les conséquences de ses habitudes. On observe ainsi en 1990 l'impact de la consommation de tabac dans les années cinquante[2] ». Les auteurs décrivent ce phénomène comme une « épidémie de cancers » causés par le tabac, provoquant aujourd'hui 60 000 morts par an en France. La progression de la consommation jusque vers 1975 et sa poursuite après cette date engendrera ainsi « mécaniquement », selon les auteurs, plus de 160 000 morts par an à partir de 2025.

• *Un affaiblissement de l'information et de la prévention.* – L'emploi des techniques de manipulation est une arme extrêmement meurtrière aux mains des fabricants de tabac. À une autre échelle, une analyse similaire pourrait être faite à propos des sucreries (qui connaissent une histoire parallèle à celle du tabac) et, de façon plus générale, de certains secteurs de l'alimentation. Il est important de noter à ce sujet que l'impact essentiel des procédés manipulatoires est de priver les gens de la liberté de choix, pour leur imposer un comportement donné. On peut dire paradoxalement que les gens, globalement, ne sont pas libres de fumer ou de ne pas fumer. Certains sont influencés, d'autres pas, car l'impact de ces campagnes est limité et d'autres facteurs interviennent dans le choix des comportements, mais, globalement, on peut rêver à une situation où, complètement informés de leurs choix et des conséquences de leurs actions, certains choisiraient de fumer, en toute liberté, et d'autres pas.

2. Catherine HILL, Françoise DOYON et Hélène SANCHO-GARNIER, *Épidémiologie des cancers*, Éditions Flammarion, « Médecine-Sciences », Paris, 1997.

Les manipulateurs, pour briser les résistances du public, sont souvent obligés de s'en prendre aux quelques progrès que fait la culture scientifique dans notre société. L'éducation du public aux questions de santé, souvent tournée en ridicule aujourd'hui, ne progresse que très lentement dans l'opinion, alors qu'elle peut être la source d'un comportement plus libre permettant de fonder des choix réalistes. Prise pour cible par les nouveaux propagandistes, cette éducation est comme un tonneau des Danaïdes qu'il faut, en permanence, et de façon épuisante, tenter de remplir.

Les moyens consacrés à briser cette « résistance » sont sans commune mesure avec ceux mis en œuvre par exemple par les organes de prévention. Cette traque des bribes d'information qui parviennent malgré tout au public va très loin et intervient jusque dans les plus petits détails. On a remarqué, par exemple, que la publicité pour le dentifrice avait longtemps et en toute connaissance de cause insisté sur le thème de « la purification et la fraîcheur de l'haleine ». Le brossage « idéal », du point de vue publicitaire, est celui qui est fait le matin, au lever, c'est-à-dire au plus mauvais moment du point de vue de l'hygiène buccale, puisque ainsi on prend son premier repas... juste après s'être brossé les dents. Il y aurait également beaucoup à dire sur les freins qui sont mis à l'information médicale sur les effets particulièrement nocifs du soleil – qui sont maintenant connus dans toute leur ampleur – et sur la relative inutilité de la plupart des crèmes solaires au regard de l'agressivité pour la peau de ses rayons.

Les ravages de l'amalgame

Dans le domaine politique, la manipulation n'est pas, loin s'en faut, sans effet non plus. L'incroyable campagne de propagande à laquelle l'extrême droite israélienne s'est livrée au milieu des années quatre-vingt-dix contre le Premier ministre Yitzhak Rabin a créé directement les conditions de son assassinat en novembre 1995 par un jeune fanatique. Cet événement tragique est l'occasion de s'interroger sur la nature de l'enchaînement des causes qui relient, à un bout de la chaîne, des propos manipulatoires et, à l'autre bout de la chaîne, un meurtre. L'amalgame qui assimilait Rabin à Hitler ou qui expliquait par le fait même que le Premier ministre était « encore vivant » toutes sortes de problèmes, y compris les attentats palestiniens, a finalement convaincu que le seul moyen de se débarrasser du « problème » était de supprimer la vie de celui qui l'incarnait. Sans qu'il soit nécessaire forcément de le désigner comme tel, il se trouve souvent, en pareille occasion, quelqu'un qui se sent suffisamment investi par un tel message pour passer à l'acte. La propagande fait croire au libre choix des individus et ici, *formellement*, l'assassin était complètement volontaire, mais, *réellement*, il était sous l'emprise des propos manipulatoires de l'extrême droite religieuse juive. Au sens strict, il a agi sous influence, ce qui pose d'ailleurs le troublant problème de sa responsabilité effective.

Le succès, en France, de l'amalgame qui lie crise de la société et présence de l'étranger est une autre preuve flagrante des effets de la manipulation de la parole. On a parfois tendance à sous-estimer le rôle des messages propagandistes de ce type, diffusés notamment, mais pas uniquement, par l'extrême droite, dans la montée de ce que l'on pourrait appeler l'étiage de la xénophobie. Dans un certain nombre de cas, cette xénophobie se transforme en actes meurtriers. De nombreux crimes racistes ou agressions ont un lien causal avec les discours xénophobes distillés dans l'espace public. Mais là aussi, la chaîne des déterminations de l'acte est suffisamment complexe pour que les responsabilités soient diluées dans l'épaisseur des destins individuels.

En 1996, un jeune homme timide et « sans histoire » assassine sauvagement, sans raison apparente, le curé de son village (dans le Haut-Rhin). On découvre dans sa chambre de la littérature « satanique », des documents d'extrême droite et un portrait de Jean-Marie Le Pen. La gendarmerie, suivie par la presse locale, s'empresse de qualifier l'affaire d'« acte isolé ». Que veut donc dire « acte isolé » dans notre société et dans un tel contexte ? La responsabilité individuelle de l'assassin est évidemment engagée, mais quelle est la part de conditionnement subi par l'intéressé, qui joue un rôle déterminant dans le passage à l'acte ?

Le 18 avril 1985, Imad Bouloud est retrouvé sans vie, le corps roué de coups, dans le bassin du Havre. Ses deux meurtriers avouent être partis « à la chasse aux Arabes » à la sortie d'un meeting du Front national où intervenait Bruno Mégret. Ce dernier est à un bout de la chaîne, les meurtriers à l'autre bout. Entre les deux, il y a l'idée que les étrangers sont à l'origine d'un grave problème. On ne soulignera jamais assez que la structure de l'amalgame lie étroitement deux termes et propose, pour agir sur l'un, d'agir sur l'autre, en quelque sorte en substitution. L'amalgame xénophobe est, par nature, pour reprendre l'expression de Goldhagen, « éliminationniste », avec les conséquences que l'on connaît.

Les effets indirects

Les effets de la manipulation ne sont pas seulement directs. L'emploi de ses techniques provoque également un phénomène parallèle, souvent peu souligné : il exalte ce que l'on pourrait appeler la « créature pavlovienne », qui existe vraisemblablement en chacun d'entre nous. Plus largement, il accoutume à la manipulation et finit par la faire admettre comme un phénomène naturel et inévitable. Beaucoup de personnes manipulées expriment un certain sentiment, complexe, de satisfaction à être ainsi prises en main, à être débarrassées de la responsabilité de la décision tout en gardant l'illusion de la prendre, à se sentir « dirigées de l'extérieur » tout en éprouvant une fiction de liberté.

L'importance et la fréquence des techniques manipulatoires dans notre environnement a façonné un « homme d'une espèce nouvelle ». Le sociologue américain David Riesman en a décrit avec finesse l'émergence et la généralisation dans les années cinquante. Dans des pages restées fameuses[3], il oppose l'individu traditionnel, « intra-déterminé », à l'homme moderne « extro-déterminé ». Celui-ci ne dispose plus, pour reprendre les métaphores de Riesman, d'un « gyroscope intérieur », réglé par sa famille et son groupe social, et qui lui sert de guide de comportement défini *a priori*, mais plutôt d'un « radar » qui lui permet de traiter l'information reçue de l'extérieur et de s'y adapter d'une façon assez conformiste. L'individu extro-déterminé a un comportement presque entièrement influencé par l'extérieur, ce que pensent les autres, le jugement des « gens qui comptent ». C'est un être entièrement social, réagissant aux réactions d'autrui, qui est loin de considérer comme une entrave à sa liberté toutes les incitations qu'il reçoit du monde environnant. Au contraire, il a tendance à considérer celles-ci avec soulagement car elles lui fournissent un guide pour l'action. Dans un tel contexte, la manipulation apparaît paradoxalement comme une source de liberté. L'auteur du roman *Histoire d'O*, sous le pseudonyme de Pauline Réage, avait tenté de nous convaincre, de manière similaire, que l'esclavage et les

3. David RIESMAN, *La Foule solitaire, anatomie de la société moderne*, Arthaud, Paris, 1964.

chaînes étaient pour les femmes une source fondamentale de liberté.

Nous avons décrit par ailleurs[4] l'*Homo communicans*, l'homme moderne de la société de communication, comme un « être sans intérieur » qui peut se guider rationnellement dans le monde en se coulant dans le moule d'un « être informationnel », analysant, traitant et décidant en fonction des informations qu'il reçoit du monde extérieur et notamment par l'intermédiaire des médias.

Riesman cite un passage d'*Anna Karenine*, le roman de Tolstoï, où les prémices de cet homme moderne sont bien décrits à travers un personnage présenté ainsi : « Il ne changeait pas d'opinion, c'était l'opinion qui changeait en lui, imperceptiblement et à son insu. D'ailleurs il n'avait pas choisi ses opinions politiques, elles lui étaient venues automatiquement, tout comme, loin de choisir un chapeau ou un vêtement, il prenait automatiquement ce que tout le monde portait. Ainsi le libéralisme était devenu pour lui une habitude et il aimait son journal tout comme il aimait son cigare après le dîner – à cause de la légère brume qu'il produisait dans son cerveau. »

Dans un tel contexte, c'est-à-dire une société qui réclame de ses membres une extrême socialisation, la manipulation, en plus de ses effets propres, renforce les tendances au conformisme et porte en elle les germes d'une société totalitaire d'un nouveau genre. Celle-ci, tout en exaltant la « liberté », enserre ses membres dans les mailles d'un filet toujours plus serré, lui dictant au

4. L'essentiel de notre ouvrage *L'Utopie de la communication*, La Découverte/Poche, Paris, 1996, étant consacré à ce thème, nous y renvoyons le lecteur.

bout du compte le moindre de ses comportements. Comme le remarque Bertrand Poirot-Delpech, « la publicité et les spectacles qu'elle impose n'aident pas à s'instruire, à rêver, à choisir librement bonheur et shampooing, à croquer la vie à pleines dents, à être en forme, gagneur, nu sous les tropiques, entouré de top models, de plain-pied avec son temps, etc. Ils changent le citoyen en client sous hypnose et l'esprit critique en machine à s'émouvoir, à compatir, à désirer des produits[5] ».

Les nouvelles sources de l'individualisme

La manipulation n'est qu'un élément de cette pression sociale caractéristique des sociétés modernes, hypersocialisées. Il est le plus excessif sans doute, mais il est en continuité avec les autres exigences de la société dont il constitue en quelque sorte le couronnement visible. Cette pression rencontre toutefois une forte résistance. La manipulation n'est pas si discrète, malgré ses efforts, et tous ne se satisfont pas, en tout cas pas toujours, de vivre dans cette sécurité apparente qu'offre un système qui décide pour eux.

Il existe de multiples stratégies de protection à l'égard des messages envahissants, de dégagement par rapport aux contraintes de l'extro-détermination, ou encore d'affirmation d'une intériorité qu'on juge encore souveraine dans la décision. L'inconvénient de ces résistances est qu'elles confinent, la plupart du temps, à un repli sur soi individualiste. Là est sans doute le principal effet pervers de la manipulation, qui pousse à la méfiance sociale et à la mise en doute systématique de la parole d'autrui.

---

5. Bertrand POIROT-DELPECH, *Le Monde*, 22 janvier 1997, p. 15.

Le philosophe Chaïm Perelman nous rappelle que « toute argumentation vise à l'adhésion des esprits et, par le fait même, suppose l'existence d'un contact intellectuel, [...] d'une communauté des esprits effective[6] ». La conscience de vivre dans un univers en partie menteur, couplée à l'absence de culture du convaincre qui en permettrait le décodage, conduit à la mise en place de mécanismes de défense finalement démesurés par rapport à l'enjeu. Pour se protéger des agressions que l'on n'arrive pas à distinguer des messages non manipulatoires, celui qui a une conscience non informée de ces phénomènes rompra la « communauté des esprits » à laquelle on l'appelle pour le meilleur comme pour le pire.

N'y a-t-il pas là une des sources de l'individualisme contemporain, du moins des formes qu'il prend de plus en plus aujourd'hui ? Chacun d'entre nous a tendance à se fermer à l'influence d'autrui, par méfiance et par expérience. Cet effet de la manipulation est fortement discriminatoire. Entre les plus faibles qui se laissent influencer (et chacun de nous a une part faible) et les plus forts qui savent décoder les situations auxquelles ils sont soumis, toute une « classe moyenne » se protège d'une influence qu'elle perçoit dans son intention mais qu'elle ne comprend pas dans ses procédés. Chacun de nous est à la fois ce fort et ce faible, mais aussi cet être moyen, lassé de se défendre tout le temps, honteux de lâcher prise parfois, et qui se referme globalement à l'influence d'autrui. La méfiance à l'égard des médias, tout en continuant à s'en nourrir, l'indifférence à la publicité, tout en continuant à consommer, le rejet de

6. Chaïm Perelman et Lucie Olbrechts-Tyteca, *Traité de l'argumentation, la nouvelle rhétorique*, Éditions de l'Université de Bruxelles, Bruxelles, 1970, p. 18.

la politique, tout en se passionnant pour ce qui s'y déroule, font de nous des êtres paradoxaux, cultivant la séparation sociale comme garantie d'une intégrité devenue un idéal impossible à atteindre.

La séparation sociale

De là vient sans doute le succès d'un nouveau modèle de communication et de lien social, où l'homme moderne est extrêmement socialisé du point de vue des informations qu'il reçoit et échange avec son monde extérieur en même temps qu'il est extrêmement individualiste dans son refus de convaincre et de se laisser convaincre. Émettre et recevoir de l'information, surtout par l'intermédiaire des médias, n'engage à rien, là où argumenter, convaincre, fait courir aujourd'hui le risque maximal, celui de se soumettre, sans le savoir, à une parole d'autrui manipulatrice, ou, pis peut-être, d'en être soi-même l'auteur.

Cette séparation, protectrice à l'égard de la manipulation mais destructrice du lien social, est un processus ancien. Il est certes exacerbé en ce XXe siècle qui fait une place sans précédent au convaincre et à l'ultra-socialisation, mais il est strictement contemporain, dans son essence, de l'inauguration de la parole démocratique. Il participe d'une « logique atomisante » qui accompagne à la fois la destruction de la société holiste précédant la démocratie et ce que la parole a libéré de la violence manipulatoire.

D'une certaine façon, les sociétés démocratiques prennent le risque d'être encore plus totalisantes que les sociétés traditionnelles car elles exposent l'individu ainsi institué comme tel au regard permanent d'autrui. L'homme démocratique est nu et n'a que sa parole à opposer au regard des autres. La grande nouveauté de la parole individuelle est sans doute la découverte à la fois de son caractère manipulable et de sa nature relative. La rupture avec le holisme nous laisse orphelins de points de repère stables pour la parole. Alain Renaut remarque à ce sujet : « C'est une étrange culture, sans point de comparaison avec les sociétés antérieures, qui tend à émerger : d'une part, l'idée d'héritage, qui paraît intrinsèquement liée à l'idée de culture [...] semble singulièrement amoindrie, [...] d'autre part, dans la logique atomisante et particularisante des sociétés individualistes, la reconnaissance, voire le partage de repères communs supérieurs à l'individu, qui semblent là encore constitutifs de la notion même de culture (comme modalité de l'être-ensemble), paraît s'éroder au profit d'une nouvelle manière d'être[7]. »

La désynchronisation sociale

Cette « logique atomisante » est ce qui frappe sans doute le plus les auteurs ayant travaillé sur la question. Tocqueville utilisait à ce propos la métaphore de la « chaîne » dont les maillons, dans une société individualiste, sont désormais « séparés ». Les sociétés individualistes cultivent, pour le meilleur comme pour le pire, toutes les formes de la désynchronisation sociale, qui est le prix de l'autonomie des individus.

L'individualisme implique en effet la rupture d'une unité dans l'ordre du monde (d'où le terme « holisme » qui désigne une totalité). L'individualisme est fondamentalement la mise en œuvre d'un *principe de séparation généralisé*. Dans les sociétés holistes, une étroite interdépendance caractérise les relations humaines,

7. Alain RENAUT, *L'Individu, réflexions sur la philosophie du sujet*, Hatier, « Optiques philosophie », Paris, 1995, p. 26.

essentiellement sur un mode hiérarchique. Le modèle de la société holiste, comme l'a montré Louis Dumont, est la société de caste, où la place de chacun est fixée par la tradition. L'acceptation de la primauté de l'individu opère une séparation entre les hommes mais aussi, comme le montre bien David Le Breton, à l'intérieur de chaque homme, entre son corps et son esprit : « Les sociétés occidentales ont fait du corps un avoir plus qu'une souche identitaire. La distinction du corps et de la présence humaine est l'héritage du retrait dans la conception de la personne, de la composante communautaire et cosmique et l'effet de la coupure opérée au sein même de l'homme. Le corps de la modernité, celui qui résulte du recul des traditions populaires et de l'avènement de l'individualisme occidental, marque la frontière d'un individu à un autre, la clôture du sujet sur lui-même[8]. » Cette analyse souligne bien le formidable effort de rupture que l'individualisme opère sur les catégories les plus essentielles de nos représentations.

L'individualisme et la parole

Le principe de séparation généralisé ne s'arrête pas là dans son œuvre de fractionnement de ce qui auparavant était considéré dans son unité. À la séparation des hommes et de la nature, des hommes et de leur propre corps, des hommes entre eux, il faut ajouter cet élément essentiel pour nous – et c'est en ce point précis que nous rejoignons notre problématique générale – qu'est la séparation de l'homme et de sa propre parole. David Le Breton, pour illustrer son propos, cite cette histoire étonnante du vieillard Kanak, qui, interrogé sur

8. David LE BRETON, *Anthropologie du corps et modernité*, PUF, Paris, 1990, p. 23.

l'apport selon lui des valeurs occidentales à sa propre culture, répond : « Ce que vous nous avez apporté, c'est le corps [9]. » De la même façon, on pourrait soutenir que ce qu'apporte l'individualisme, c'est la parole, une parole perçue comme individuelle, personnelle, autoproduite (quand bien même ne le serait-elle pas), jaillissant de l'intérieur.

L'individu est auteur de sa parole là où le membre de la société holiste n'est que le porte-parole, éventuellement l'interprète, d'un discours commun. Mais être l'auteur de sa parole implique, immédiatement, pour la personne, que cette parole lui soit extérieure, qu'il la regarde, la contemple, comme si elle lui était finalement étrangère. La parole individuelle, c'est aussi la possibilité immédiate du mensonge, de la manipulation, d'une parole en décalage permanent avec son auteur, mais aussi d'une parole pour l'autre, adaptée à l'autre, d'une parole argumentative. La parole doit être apte à franchir le fossé qui, désormais, dans les sociétés individualistes, sépare les êtres. Elle doit pouvoir se détacher des uns pour parvenir chez les autres.

C'est le stoïcisme grec, tel qu'il a été initié par Épictète et vulgarisé par Marc Aurèle, qui inaugure cette désynchronisation. Très curieusement, ce que les stoïciens proposent, pour construire un nouvel idéal de sagesse et de vie en société, est une instrumentalisation de la représentation. Les textes de Marc Aurèle à ce sujet sont étonnants. Ils inaugurent véritablement la scission qui s'instaure dans le corps social pour donner naissance aux individus conscients de leur séparation. Ils témoignent d'une véritable découverte, comme lorsque Marc Aurèle dit : « Ces représentations, il est en ton pouvoir de les ranimer sans cesse. Je puis, sur

9. *Ibid.*, p. 18.

chaque chose, me faire l'idée qu'il faut. Et, si je le puis, pourquoi me troubler ? Ce qui est en dehors de mon intelligence n'est absolument rien pour mon intelligence. Comprends-le et te voilà sur pied [10]. » Ou encore, lorsqu'il ouvre la potentialité d'un relativisme absolu de la parole en affirmant que « tout n'est qu'opinion, et que l'opinion elle-même dépend de toi [11]. »

Cette nouvelle manière, radicalement différente, de voir les relations avec autrui consiste, d'une part, à prendre conscience que la représentation commande tout, d'autre part, qu'on peut la « travailler » pour interposer entre soi et autrui une sorte d'écran de protection. De cette conception va être déduit tout un idéal de vie qui est la matrice des rapports sociaux dans une société individualiste. Les stoïciens proposent ainsi, et c'est un autre élément qui désigne une société désormais inventrice de sa propre conduite, de véritables guides de conduite en société dont l'objectif est de détacher les individus les uns des autres. Épictète détaille minutieusement les comportements à observer en société qui permettent de préserver l'individu : « Lorsque donc quelqu'un te met en colère, sache que c'est ton jugement qui te met en colère. Efforce-toi donc avant tout de ne pas te laisser emporter par ton idée ; car si une fois tu gagnes temps et délai, tu deviendras plus facilement maître de toi [12]. » « Être maître de soi » constitue bien le mot clef de l'individualisme, comme constat d'une situation où la parole peut aussi bien être échange que menace.

10. MARC Aurèle, *Pensées pour moi-même*, traduction M. Meunier, Garnier-Flammarion, Paris, 1964, livre VII, II, p. 113.

11. *Ibid.*, livre XII, XXII, p. 196.

12. Épictète, *Manuel*, traduction M. Meunier, Garnier-Flammarion, Paris, 1964, XX, p. 215

La recherche d'un lien fusionnel

Les effets de cette désynchronisation sociale qui va croissant tout au long du XXe siècle, écrasé sous le poids des paroles manipulatrices, s'accélèrent à l'aube du changement de millénaire. Le plus significatif d'entre eux pourrait être le renouveau nostalgique des sentiments communautaires ou identitaires. Les individus méfiants et séparés rêvent d'être de nouveau ensemble dans cet état de « communion » que David Cooper voyait comme étape précédant la « communication ». Cette communion impliquerait un lien social fusionnel débarrassé de toute possibilité de manipulation et de trahison. La nostalgie de la communauté, de la société traditionnelle, des racines, de l'identité, fait partout irruption, comme le contrecoup d'une société individualiste par trop désynchronisante.

C'est dans ce contexte, par exemple, qu'il faut analyser la remontée, sous des formes diverses, pas toutes en rapport avec le passé, de l'extrême droite. Celle-ci propose, partout où elle s'implante, un idéal fusionnel. Le caractère central de l'amalgame qui noue l'étranger à un trouble majeur de la société s'enracine dans cet idéal qui n'existe qu'en posant un autre à exclure. Comme l'extrême droite française l'a très bien compris, nul besoin, au moins dans un premier temps, de xénophobie, sous sa forme violente et haineuse, pour désigner l'étranger comme empêcheur d'être français. Il suffit de demander son départ. Celui-ci procure l'hypothétique sentiment qu'un jour on pourra être « entre soi » et transférer au plan collectif, comme l'a vu avec une extraordinaire lucidité Louis Dumont dans un texte sur les rapports entre individualisme et nazisme[13], cet idéal

13. Louis Dumont, *Essai sur l'individualisme, une perspective anthropologique sur l'idéologie moderne*, Essais, Paris, 1983.

individuel. La fusion identitaire que propose l'extrême droite est une manière d'être *collectivement* « maître de soi ».

Cette fusion identitaire est à l'œuvre bien au-delà de l'extrême droite, et, partout où il y a de la manipulation, on en trouvera la trace. La publicité, qui recourt à ces techniques, s'appuie toujours sur l'exaltation d'un « être entre soi », d'une communauté, qui n'est pas uniquement une communauté de consommation, mais une communauté de valeur et d'identité. Stuart Ewen insiste sur le fait que la publicité fonctionne à partir d'une « acculturation du moi » et diffuse l'idée, développée par un psychologue social américain, Floyd Henry Allport, selon laquelle « notre conscience réflexive reflète surtout celle que les autres ont de nous [...]. L'idée que j'ai de moi-même est faite de celle que je me figure que mon voisin a de moi[14] ». Dans ce sens, la publicité est bien, comme le remarque Bertrand Poirot-Delpech, la « dernière idéologie totalitaire[15] » par son encouragement structurel à un conformisme de masse.

C'est à ce point précis que nous touchons l'un des plus grands paradoxes de la parole manipulée. Celle-ci provoque, nous l'avons vu, un repli sur soi individualiste, qui, à son tour, génère par nostalgie le désir d'un lien fusionnel. Or celui-ci n'est jamais tant satisfait que par les techniques d'intervention fusionnelle sur les comportements, qui mobilisent les affects pour convaincre. La fusion, promesse de la manipulation, pourrait bien, dans cette perspective, être recherchée pour elle-même, pour le sentiment qu'elle procure de

---

14. Stuart EWEN, *op. cit.*, p. 47.

15. Propos de François Barré, cité et repris par Bertrand POIROT-DELPECH, *Le Monde*, 18 décembre 1996.

faire partie, enfin, de quelque chose, n'importe quoi, dans un monde où plus personne ne fait partie de rien. Ainsi s'expliquerait cette jouissance éprouvée par certains à la manipulation, effet sans doute le plus pervers du rêve de communication que fait naître une société férocement individualiste.

8

Une faible résistance

Pourquoi la manipulation a-t-elle pris autant de place dans notre société ? Pourquoi y sommes-nous, d'une certaine façon, si perméables ? Remarquons immédiatement que, s'il y a de la manipulation, c'est qu'il y a des manipulateurs... Mais ce constat, qui n'a pas besoin d'être longuement détaillé, ne fait que déplacer le problème. La question, autrement formulée, pourrait être celle-ci : comment se fait-il que les manipulateurs puissent agir si facilement, dans un climat qui leur est finalement très favorable ? Ou, pour aller plus loin, quel est donc ce « climat » qui fait que, en toute bonne foi, sans avoir forcément conscience d'entraver la liberté de l'autre, chacun d'entre nous puisse à un moment ou à un autre se transformer en manipulateur ? Il nous faut donc chercher à comprendre cette *faible résistance* de nos sociétés à une pratique de la parole dont les effets peuvent être dévastateurs.

Plutôt que de chercher des raisons ou des causes, nous voulons repérer ici quelques-uns des traits de notre société qui pourraient être mis en rapport avec ce développement de la manipulation. On en retiendra trois, à peu près par ordre d'importance croissante. Le premier est le fait que rien, dans notre culture et dans notre système d'éducation, ne nous prédispose finalement à une réflexion sur les moyens utilisés pour convaincre. La parole pour convaincre semble se développer en dehors de la culture et, notamment, de l'Université. Le deuxième élément est la rencontre, très contemporaine, entre le domaine du convaincre et les théories scientifiques qui prétendent à une maîtrise de l'être humain et de sa parole. La recherche à tout prix de l'efficacité, qui domine le monde moderne, favorise une conception manipulatoire de la parole. Le troisième facteur tient à l'incroyable division du travail qui s'est instaurée au XXe siècle dans la gestion de la parole pour convaincre. Celle-ci se révèle largement déresponsabilisante et autorise tous les débordements de la parole.

Une pratique sans culture

Dispose-t-on aujourd'hui d'une véritable « culture du convaincre » ? N'y a-t-il pas un décalage immense entre l'importance prise par ce phénomène (et donc ses déviations) et le peu de place donnée à la réflexion ou même à l'apprentissage de cette dimension spécifique de la parole au sein du monde de la culture ? Cela ne peut pas être sans rapport avec le fait que la parole pour convaincre soit l'objet de tous les détournements.

Une influence devenue souterraine

La culture du convaincre a pourtant existé. La rhétorique, ancien « art de convaincre », a formé, pour reprendre l'expression de Roland Barthes, un véritable « Empire » pendant plus de deux mille cinq cents ans. Nous n'en avons gardé que très peu de mémoire. Il est en effet surprenant que, malgré ce que tous les spécialistes de la question[1] affirment sur l'importance de la rhétorique comme élément central de la culture, nous

1. Roland BARTHES, « L'ancienne rhétorique », *Communications « Recherches rhétoriques »*, art. cité, Marc FUMAROLI, *L'Âge de l'éloquence*, Albin Michel, Paris, 1994, Pierre GRIMAL, *La Civilisation romaine*, Arthaud, Paris, 1968.

ayons aujourd'hui perdu en grande partie la trace de cette influence. Cette véritable amnésie serait explicable si nous étions entrés dans une société purement informative, ou purement instinctuelle, et que la conviction n'y avait plus place, mais c'est justement tout le contraire qui est advenu.

La rhétorique classique constituait à la fois un contenu d'enseignement et un lieu de recherche sur les théories du convaincre. Les manuels de rhétorique que nous a laissés l'Antiquité, dont les plus fameux sont *La Rhétorique* d'Aristote, *De l'orateur* de Cicéron, *La Rhétorique à Herennius* (anonyme) et *L'Art oratoire* de Quintillien, ont jeté les fondations d'un savoir qui est encore massivement présent dans notre culture mais sous une forme invisible, cachée, difficilement repérable comme telle.

La rhétorique est aujourd'hui un continent disparu, mais son influence souterraine est immense. Les procédés rhétoriques que nous utilisons aujourd'hui, dans nos pratiques quotidiennes, ceux que les hommes politiques mettent en œuvre, ceux que les publicitaires croient découvrir, sont décrits par les anciens traités de l'art de convaincre. Mais la théorie du convaincre qui fonde les pratiques de persuasion aujourd'hui est en grande partie non consciente d'elle-même.

• *La disparition de la rhétorique.* – Après deux mille cinq cents ans d'une présence centrale, la rhétorique a disparu des programmes d'enseignement officiels et des matières « légitimes » qui fondent notre culture et nos savoir-faire. Cette disparition est décrite par Antoine Compagnon, qui montre que, jusqu'à la fin du XIXe siècle, « le professeur de rhétorique avait la haute main sur le lycée : il initiait à l'art suprême du discours[2] ». En 1902,

2. Antoine COMPAGNON, *La troisième république des lettres*, Seuil, Paris, 1983, p. 41.

la rhétorique est rayée des programmes, remplacée par l'histoire littéraire. La « dissertation » se substitue au discours argumenté L'enseignement des sciences prend progressivement la place centrale qu'on lui connaît aujourd'hui. L'apprentissage de la prise de parole, de l'argumentation et du discours pour convaincre disparaîtra, écrasé entre, d'une part, l'élitisme littéraire qui se réfugie dans une « haute culture » coupée du reste de la société, et, d'autre part, un idéal cartésien de la démonstration scientifique qui renvoie toute tentative de discuter sur une autre base dans l'enfer de l'irrationnel et de la pensée magique.

La rhétorique s'est évidemment considérablement dégradée en tant que discipline. En fait, elle se transforme, dès la fin de la République romaine, dans cette période de déclin de la parole que nous signale Tacite, en rhétorique des figures de style, contribuant à la naissance de la littérature[3]. La disqualification dont la rhétorique a été l'objet est également liée en partie au fait que celle-ci a été associée, à tort ou à raison, à un simple « art oratoire », à un simple exercice de prise de parole en public. Or la culture rhétorique classique est d'abord, depuis Aristote, une culture du raisonnement argumentatif plus que de la forme du discours.

Le cartésianisme, construit sur une opposition à la rhétorique, contribuera largement à ce que ce domaine soit rapidement vidé de sa substance. L'idéal des Lumières, qui s'arc-boute sur l'apologie d'une raison abstraite, quasi scientifique, ajoute lui aussi très largement à ce climat en faveur de la disparition radicale de la scène intellectuelle d'un savoir qui constitue pourtant un des fondements de la démocratie.

---

3. Voir, sur ce sujet, Florence DUPONT, *L'Invention de la littérature*, La Découverte, Paris, 1996.

Les conséquences de cet enfouissement et de cet affaiblissement interne sont sans doute beaucoup plus importantes qu'on ne l'imagine. La rhétorique est ainsi rejetée hors de la culture (comme en témoigne le sens péjoratif pris à partir de cette époque par ce terme). On distinguera ici trois conséquences sur l'exercice de la parole en démocratie : l'exercice de la parole n'est plus enseigné, sa théorie se délite, son éthique se désagrège.

L'absence d'un enseignement de la parole

Par quelque côté que l'on prenne nos systèmes éducatifs contemporains, on n'y trouve pas d'enseignement systématique qui sensibilise les élèves ou les étudiants aux ressources de la parole pour convaincre. Les lois de l'argumentation, du débat, la pratique du décodage du discours, la prévention de la manipulation ne font l'objet d'aucun apprentissage. Il faut la claire conscience de certains enseignants pour que cela soit abordé, dans certains cas, toujours à travers d'autres disciplines et à leurs marges.

Même si l'argumentation et ses méthodes figurent parfois au programme, ce domaine est très souvent abordé à travers les concepts de la linguistique ou de l'analyse littéraire, disciplines qui ont une autre vue, souvent assez lointaine, sur la question. La place de l'argumentation dans la structure de la langue est certes une donnée importante, mais, tant que celle-ci ne débouche pas sur une compréhension concrète de la manière dont le convaincre fonctionne aujourd'hui, dans notre société, il manquera un lien essentiel que les élèves ne feront pas d'eux-mêmes. L'instruction civique, qui pourrait être un des supports possibles pour initier les élèves à l'analyse des débats politiques et, plus généralement, des grands problèmes de société, sert très peu à cela.

Le seul contact que les élèves ont le plus souvent avec la rhétorique se fait dans la classe de philosophie, où il ne manquera pas de professeurs, à travers l'apologie de Socrate, pour mettre en scène péjorativement les sophistes et, à travers eux, globalement la rhétorique. Le mépris de certains philosophes pour les questions de rhétorique joue sans doute un grand rôle dans son exclusion de la culture et de l'enseignement.

Même à l'Université, aucune formation n'est construite dans cette perspective. Le plus grand paradoxe en la matière étant l'absence de ce domaine dans les sciences de l'information et de la communication, malgré l'effort de nombreux enseignants, qui, notamment à travers l'enseignement des techniques d'expression, sensibilisent les étudiants dont ils ont la charge à la dimension pourtant essentielle du convaincre.

L'absence de théories du convaincre

Cette absence incroyable d'un pan essentiel de la formation du citoyen dans des systèmes d'enseignement qui, de ce fait, sont coupés de la vie réelle, ne s'explique pas par la mauvaise volonté des enseignants mais plutôt par l'absence de développement et de structuration théorique de ce champ. La tentative de renouvellement de la rhétorique engagée en France par le groupe constitué autour de Roland Barthes et de la revue *Communication* n'a pas tenu sa promesse initiale. Née pourtant dans l'intensité de cette période particulière des années soixante, riche en débats, cette réflexion est retournée rapidement au champ de la littérature dont elle était issue, reproduisant en quelques années le chemin que la rhétorique classique avait parcouru de Corax à Tacite.

Malgré les travaux essentiels d'un théoricien aujourd'hui quasi inconnu au-delà de quelques cercles, Chaïm

Perelman, et les efforts en France d'Olivier Reboul et d'autres, la recherche rhétorique n'a guère de point d'ancrage dans l'institution universitaire. La situation est moins alarmante en Amérique du Nord, mais, globalement, le bilan reste le même. Tout se passe comme si le XXe siècle, tout en libérant la parole comme jamais aucune autre société ne l'avait fait depuis la période classique, se désintéressait de la façon dont celle-ci fonctionnait.

L'absence d'une réflexion éthique

La conséquence de cette absence d'enseignement et de systématisation de la théorie est que toutes les pratiques du convaincre se développent aujourd'hui en dehors du regard de l'Université et, d'une façon plus générale, hors du monde de la culture. L'Université, qu'il ne faut pas confondre, comme le propose Georges Gusdorf, avec l'enseignement supérieur, a pourtant une fonction essentielle, que nous avons en partie oubliée, qui consiste à garantir l'indépendance du savoir et de sa production (et pas seulement de sa reproduction). Cette indépendance est une forme d'éthique, elle est même peut-être la seule éthique dont l'Université pourrait se prévaloir.

Privé de ce regard et de cet enclos protecteur, de nombreuses théories du convaincre ont vu le jour tout au long du XXe siècle. Elles débouchent sur de nombreux enseignements, dispensés le plus souvent en dehors de l'Université. La plupart de ces théories, et ce n'est pas un hasard, ont un fort contenu manipulatoire. Nous avons vu au chapitre précédent que ces pratiques ne sont presque jamais spontanées. Elles sont la plupart du temps l'objet, au contraire, d'une recherche et d'une systématisation qui sont à l'origine de théories sophistiquées.

L'exemple de la PNL est tout à fait significatif : ce domaine s'est développé totalement hors de l'Université en produisant des « théories » *ad hoc*, adaptées à différents marchés, notamment la psychothérapie et la communication d'entreprise. Un des objectifs des théories de la PNL est en effet de produire des savoirs utilisables directement en fonction des finalités de ces différents milieux, à partir d'un critère d'efficacité.

Les théories de la PNL font partie d'un système de formation qui a sa propre autonomie. Les « maîtres » forment des formateurs, qui eux-mêmes en forment d'autres, lesquels proposent de multiples formations, vendues à prix d'or aux entreprises ou aux thérapeutes, qui en espèrent à leur tour un bénéfice. À la différence de l'Université, en principe protégée de cette influence, ce type de savoir se transforme à tous les échelons en marchandise. La conséquence directe de cet état de fait est que le convaincre, entre des mains si intéressées, semble se réduire à son versant le plus manipulatoire.

Efficacité et conception instrumentale de l'humain

L'un des traits dominants des procédures manipulatoires que nous avons analysées au chapitre précédent réside dans la recherche d'efficacité. Cet objectif conduit le plus souvent à faire le détour de ce qui serait simplement argumentation, pour emprunter des voies promettant plus de certitude dans l'acte de convaincre. Laissons pour l'instant de côté la question de savoir si cette promesse se réalise. Quelle que soit la réponse à cette question, la rencontre du thème de l'efficacité et du convaincre n'est possible qu'au nom de la croyance dans la pertinence de cette alliance. Cette croyance s'enracine principalement dans ce que nous appellerons une conception instrumentale de l'humain, propre au XXe siècle, même si ses racines plongent plus largement dans le passé. Cette conception doit énormément à une autre rencontre : celle qui s'est opérée entre les sciences, exactes et humaines, et l'exercice de la parole.

La méthode scientifique, depuis la Renaissance, sert à déconsidérer la rhétorique, comme méthode de débat et de délibération. Descartes commence son *Discours de la méthode* par l'affirmation selon laquelle ce que l'on peut discuter est forcément faux (par rapport à la démonstration). Mais, à part les secteurs où la science produit des connaissances précises et effectivement indiscutables, en tout cas par le commun des mortels, on n'a toujours pas trouvé de méthodes « rationnelles » pour convaincre. Sauf à attendre que la science légifère sur tout – fantasme qui a la vie dure -, la parole argumentative est disqualifiée mais rien ne la remplace, du moins dans une perspective scientifique.

C'est dans ce contexte que les techniques de manipulation vont s'inspirer à la fois de la psychanalyse, de la psychologie, des sciences du comportement, de la biologie. On peut repérer trois grandes vagues d'appel aux sciences (et aux scientifiques comme experts). La première vague se situe dans les années trente, suite aux travaux d'Ivan P. Pavlov, qui vont exercer une influence considérable jusqu'à aujourd'hui sur les techniciens de la manipulation. La deuxième se situe dans les années cinquante et met en scène une version vulgarisée et dégradée de la psychanalyse freudienne. Enfin, dans les années quatre-vingt en Europe, un peu plus tôt aux États-Unis, les techniques comportementales font une entrée en force, en prenant parfois le nom de « techniques de communication ».

La culture pavlovienne

Au-delà de ses travaux de laboratoire, ce qu'Ivan P. Pavlov met en évidence est le fait que l'on peut *construire* des comportements de toutes pièces. Comme le dit avec enthousiasme Tchakhotine, « ainsi nous voyons que la théorie des réflexes conditionnés [...] peut expliquer aujourd'hui toute la complexité des formes de comportement des animaux et de l'homme. Mais la compréhension des mécanismes du comportement entraîne la possibilité de les manœuvrer à volonté. On peut dorénavant déclencher, à coup sûr, les réactions des hommes dans des directions déterminées d'avance [4] ». La porte est désormais grande ouverte pour tous ceux qui veulent se lancer dans une telle entreprise, quelles qu'en soient les finalités.

Cette appréciation doit, bien sûr, être replacée dans le contexte de la lutte menée par les sciences exactes pour expliquer entièrement le comportement humain. Quelle plus belle preuve fourniraient les partisans de ce scientisme effréné que de réussir effectivement, et plus simplement en laboratoire, à influencer les actions humaines dans le domaine de la vie sociale et politique ? La rhétorique, enfin, serait arrachée des mains des philosophes et des littéraires pour rejoindre le panthéon, enfin globalement triomphant, des sciences « exactes ». Ce fantasme traverse de part en part l'esprit de Tchakhotine, qui rêve de voir les vraies valeurs, celles du moins auxquelles il croit, défendues avec des moyens enfin efficaces.

L'avantage de cette théorie est de proposer un détour radical de tout ce qui relève dans la parole humaine du

4. Serge TCHAKHOTINE, *op. cit.*, p. 54.

sens ou de la raison pour ne s'attacher qu'aux grands affects qui nous régissent en profondeur et sur lesquels une action appropriée peut s'appuyer pour susciter un goût nouveau ou faire partager une opinion. Grâce à la science moderne, on peut ainsi contourner l'étape du raisonnement, dont Aristote avait fait le noyau dur de la rhétorique. Même si elle n'est connue que sous une forme généralement vulgarisée par tous les techniciens de la parole qui commencent à exercer dans les années trente, la théorie d'Ivan P. Pavlov fait désormais partie de leur culture moderne et de leur appareillage théorique.

Un article du journal de la chambre de commerce des États-Unis, paru en 1956, évoque en ces termes le renouveau de la politique grâce aux méthodes modernes : « Les deux partis feront la publicité de leurs candidats et de leurs programmes par les méthodes que le commerce a élaborées pour vendre des marchandises. Elles comportent un choix scientifique des sentiments auxquels on fait appel, une savante répétition [...] les fidèles ne brandiront plus des drapeaux dans la rue, au lieu de cela des volontaires sonneront aux portes des maisons et aux téléphones [...] la radio répétera des formules avec une intensité étudiée. Des affiches serineront des slogans d'une puissance éprouvée [...] les candidats ont besoin, en plus d'une voix sonore et d'une bonne diction, de savoir paraître "sincères à la télévision"[5]. » Ivan P. Pavlov s'y retrouverait tout à fait !

Ce que l'on pourrait appeler la « culture pavlovienne » va désormais irriguer des champs entiers de recherche, à commencer par les différentes théories dites comportementales, à partir de John B. Watson, au début du

5. Cité par Vance PACKARD, *op. cit.*, p. 175.

siècle, jusqu'à Burrhus F. Skinner, dans les années cinquante. Ce dernier raffinera ce paradigme avec la notion de « conditionnement opérant », c'est-à-dire de comportement construit chez une personne grâce à des punitions et des gratifications qui accompagnent le processus.

Cette approche de l'humain entend se cantonner à ce qui est étroitement observable et laisser de côté tout le reste, quelle qu'en soient les manifestations. Ce paradigme, surtout inauguré par John B. Watson, se poursuit aujourd'hui, jusque dans les applications à l'enseignement qui ont été tentées de ces méthodes. Comme le remarque avec quelque candeur Marc Richelle, « il est important de noter que les didactiques inspirées du conditionnement excluent délibérément, dans l'explication des apprentissages intellectuels, toute référence à des facultés mentales ou à des entités psychologiques abstraites. Des notions telles que : mémoire, attention, réflexion, esprit mathématique, créativité, n'ont aucune signification et ne peuvent servir de point de départ dans l'enseignement si l'on n'y rapporte pas des comportements précis clairement analysés[6] ».

Nombres de théories manipulatoires vont découler de ce paradigme ouvert par Ivan P. Pavlov. Nous l'avons vu, certaines techniques de manipulation, qu'il s'agisse des techniques utilisées par la PNL ou par les propagandistes politiques, sont inspirées directement, sinon des travaux de laboratoire, du moins de leur version vulgarisée. L'essentiel reste l'idée, féconde pour les manipulateurs, que l'on peut construire une réaction et l'orienter dans un sens déterminé. Cela était déjà connu, plus ou moins empiriquement, mais Ivan P. Pavlov y apporte une caution scientifique et, à travers cela, une

6. Marc RICHELLE, article « Conditionnement », *Encyclopaedia universalis*, Paris, 1995.

promesse de succès. Sans recours à cette vision de l'homme, une bonne partie de la publicité moderne n'existerait probablement pas.

Les années cinquante : la recherche des motivations

Les années cinquante, sans du tout nier cet héritage, qui s'est bien intégré aux pratiques, notamment politiques et publicitaires, vont être l'occasion d'un autre apport de sciences enseignées à l'Université, en particulier la sociologie et la psychanalyse, dont les versions vulgarisées ont désormais atteint le grand public. L'action politique, notamment aux États-Unis, connaît des transformations en profondeur du fait de l'intervention des nouveaux techniciens de la parole. « Ils y réussirent, dit Vance Packard, en s'inspirant des idées d'Ivan P. Pavlov et de ses réflexes conditionnés, de Freud et de ses images du père, de Riesman et de son idée de concevoir les électeurs américains modernes comme des spectateurs-consommateurs de la politique, et de Batten, Barton, Durstine & Orbon et de leur science publicitaire[7]. »

La théorie principale sur laquelle s'appuient publicitaires et conseillers en relations publiques s'appelle alors la « recherche des motivations ». Vance Packard voit ces derniers comme de véritables manipulateurs de conscience : « L'exploration de nos attitudes à l'égard des produits, aux niveaux du préconscient et du subconscient, est maintenant connue, en tant que science nouvelle, sous le nom d'analyse ou recherche des motivations. [...] L'une de ses premières manifestations sous la forme imprimée est le numéro d'avril 1950 du *Journal of Marketing*[8]. »

7. Vance PACKARD, *op. cit.*, p. 170.
8. *Ibid.*, p. 29.

Les précurseurs de cette nouvelle forme d'intervention sur les consciences, aussi bien dans le domaine publicitaire que politique, furent Ernest Dichter, président de l'Institut de recherche des motivations, et Louis Cheskin, directeur de l'Institut de recherche des couleurs (nom dont il disait lui-même qu'il lui permettait de faire discrètement toutes sortes d'investigations et de recherches, bien au-delà des « couleurs » des produits). Ernest Dichter est l'élève de Paul Lazarsfeld, sociologue bien connu dans les milieux de la communication et créateur du Bureau of Applied Research, qui effectua de nombreuses études sur des produits commerciaux. Comme le soulignent Armand et Michèle Mattelart, dans un tel contexte, « l'échange entre l'institution universitaire et la recherche privée est permanent[9] ».

L'objectif de ces professionnels d'un nouveau genre est clair. Selon Packard, « le docteur Dichter affirme que le problème le plus important de n'importe quel industriel est de découvrir son hameçon psychologique approprié à sa marchandise[10] ». Et il ajoute que « le travail de ces spécialistes en persuasion a été très bien mis en lumière par le président du syndicat des relations publiques d'Amérique, lorsqu'il déclara, au cours d'une allocution à ses collègues : ce à quoi nous travaillons, c'est à fabriquer des esprits[11] ».

Parmi les noms d'auteurs les plus cités par les théoriciens de la RM (recherche des motivations) on trouve pêle-mêle Freud, Reich, Pavlov, Korzybski, Whitehead, Durkheim, Watson. L'une des caractéristiques de ces nouvelles professions du convaincre et de la persuasion

9. Armand et Michèle MATTELART, *Histoire des théories de la communication*, La Découverte, « Repères », Paris, 1995, p. 27.

10. Vance PACKARD, *op. cit.*, p. 35.

11. *Ibid.*, p. 10.

est qu'elles doivent construire de toutes pièces un savoir théorique qui, d'une part, justifie leurs pratiques et, d'autre part, les guide effectivement. C'est dans cet esprit qu'elles ont fait massivement appel aux sciences humaines, à la psychologie et à la sociologie. Certains chercheurs dans ce domaine se prêteront d'autant plus volontiers au jeu que le savoir dans ce secteur est particulièrement monnayable.

Les années quatre-vingt : le néo-comportementalisme

Norbert Wiener inaugure, en 1948, une nouvelle discipline, la « science de la communication », qu'il appelle alors la « cybernétique »[12]. À la base de cette « science », on trouve l'idée, comme le dira plus tard Paul Watzlawick, héritier de ces conceptions, que « tout est communication[13] » et que celle-ci peut se formaliser, à l'aide de notions techniques comme celle de « rétroaction » *(feedback)*, de « boîte noire », d'*input* et d'*output*. Ces nouvelles théories ont certes une filiation avec le comportementalisme et le behaviorisme d'avant guerre, mais elles renouvellent le genre. Elles vont inspirer de nombreux courants scientifiques dans le domaine des sciences exactes (par exemple, l'informatique et l'intelligence artificielle), de la biologie, mais aussi des sciences humaines et du vaste champ de la psychothérapie et de l'intervention sur le comportement. Elles ont été massivement vulgarisées par les tenants de l'école dite de Palo Alto (Californie) et notamment Paul Watzlawick,

---

12. Voir sur ce sujet notre ouvrage, *L'Utopie de la communication*, La Découverte/Poche, Paris, 1997.

13. Paul WATZLAWICK, *Une logique de la communication*, Seuil, Paris, 1976.

qui a consacré lui-même plusieurs ouvrages aux techniques de « recadrage des comportements » [14].

Parmi toutes les techniques inspirées par ce courant, la PNL (programmation neuro-linguistique) est sans doute la plus représentative. Selon l'un de ses créateurs, John Grinder, la PNL a « développé une série de modèles de l'excellence humaine en mettant l'accent sur les schémas de communication [et] a trouvé des moyens pour identifier et codifier les compétences spécifiques grâce auxquelles les meilleurs communicateurs atteignent leurs objectifs [15] ». Les techniques de la PNL sont les mêmes, qu'elles soient appliquées à la psychothérapie, à la vente, à la négociation, à l'« épanouissement personnel ».

La PNL propose à ses adeptes d'atteindre progressivement des « niveaux de communication » auxquels « il est gratifiant de communiquer » et que « peu de gens atteignent ». Elle va inspirer de nombreux formateurs en « communication d'entreprise ». Ses principes, dont l'origine n'est pas toujours identifiée, font désormais partie de la culture de ceux qui ont la charge de communiquer, au sein de la vaste division du travail qui affecte les pratiques du convaincre au XXe siècle. Nombre de ces pratiques comportementales sont intensément manipulatoires. La plupart d'entre elles sont fondées sur l'idée que l'on peut modifier le comportement d'autrui et que ces transformations peuvent être obtenues sans intervention consciente de ceux sur qui elles sont utilisées. Là encore, nous rencontrons le thème du détour

---

14. Paul WATZLAWICK, *Le Langage du changement, éléments de communication thérapeuthique*, Seuil, Paris, 1980 ; et Paul WATZLAWICK, John WEAKLAND et Richard FISCH, *Changements, paradoxes et psychothérapie*, Seuil, Paris, 1975.

15. John GRINDER, avant-propos de l'ouvrage de Genie LABORDE, *Influencer avec intégrité*, Interéditions, Paris, 1987.

qu'opère le manipulateur, évitant ainsi la discussion et le raisonnement.

Le fait que de nombreuses techniques manipulatoires soient utilisées dans le champ de la psychothérapie nous aide à mieux comprendre le fait que leur usage peut relever des meilleures intentions du monde. Combien serait réducteur en effet d'identifier la manipulation de la parole au fait que son auteur et ses intentions seraient forcément du côté du « mal ». De nombreuses pratiques manipulatoires sont à l'œuvre au nom du bien d'autrui.

La poussée du scientisme

Les années cinquante voient l'apparition d'un nouveau paradigme au sein duquel se développe une représentation de l'être humain comme « machine à traiter l'information ». Ce nouvel être entièrement rationnel, à l'image duquel est conçu l'ordinateur moderne [16], va renforcer cette conception instrumentale de l'humain dans laquelle baigne de plus en plus la culture contemporaine. Plus que jamais, l'homme ne serait qu'un individu rationnel, un être informationnel échangeant des *input* et des *output* avec son environnement. Il constitue dès lors une « cible » marketing idéale dont il importe seulement de connaître les réactions à des stimulus.

La conséquence de cette poussée sans précédent du scientisme est une représentation de la parole comme, elle aussi, purement fonctionnelle et rationnelle. Dès l'inauguration du paradigme néo-comportemental cybernétique, une idée se répand comme une traînée de

16. Ce thème est développé dans notre ouvrage *À l'image ae l'homme, du golem aux créatures virtuelles*, Seuil, Paris 1995.

poudre dans certains milieux : le langage humain ne serait qu'un code, complexe certes, mais dont on pourra rapidement percer les secrets. Les informaticiens joueront un grand rôle dans la croyance selon laquelle le langage humain est réductible à de l'information, manipulable à merci pourvu qu'on dispose de la clef.

Cette conception n'est pas directement à l'origine de la mise au point et de l'usage de techniques manipulatoires, pas plus que celles d'Ivan P. Pavlov. Elle a créé toutefois un climat totalement favorable à l'idée que les relations humaines, notamment celles qui ont pour objectif de convaincre, peuvent être instrumentalisées sans limite, y compris au bénéfice des intéressés.

L'un des secteurs dans lesquels ce type de conception se déploie avec rapidité est celui de la « communication d'entreprise » et des « relations de travail ». Dans ses travaux sur les outils du management, le sociologue Jean-Pierre Le Goff montre bien comment le monde de l'entreprise est aujourd'hui traversé par ce fantasme d'une parole transparente, rationnelle, sur laquelle, surtout, on pourrait facilement avoir prise, si l'on connaît les bonnes recettes : « À écouter tous ces bricoleurs du comportement, il suffirait de savoir comment stimuler correctement un individu pour pouvoir le faire agir à son insu. Quoi de plus simple que cette machinerie humaine, malgré ses airs mystérieux ? On peut observer précisément le fonctionnement de chacun de ses organes, les mettre à plat et récapituler le tout en un tableau synthétique où leur articulation sera symbolisée par des flèches. On peut dresser la liste exhaustive des perceptions, des sentiments, les traduire en tableaux, en courbes [...][17] ». Le Goff décrit ainsi les multiples

17. Jean-Pierre LE GOFF, *Le Mythe de l'entreprise*, La Découverte, Paris, 1992, p. 32.

« stages de formation » auxquels sont massivement soumis les personnels des entreprises, à base de PNL, d'analyse transactionnelle et autres méthodes, où se diffuse cette culture de l'instrumentalisation, si propice au développement de la manipulation et de ses techniques.

Bien qu'elles soient à base scientifique, les théories qui servent de fondement à une telle entreprise n'en sont généralement que des extrapolations ou des généralisations le plus souvent abusives. L'anthropologue de la communication Yves Winkin qualifie même la prétention affichée de la PNL à la scientificité de « fraude intellectuelle »[18]. Elles se développent, comme nous l'avons vu, en dehors de l'Université et constituent, notamment dans le monde de l'entreprise et du secteur privé, le seul savoir acceptable.

Une division du travail déresponsabilisante

Dans les sociétés modernes, la communication d'un message destiné à convaincre, depuis son producteur jusqu'à son auditoire, fait de plus en plus l'objet d'une véritable division du travail. Là où l'orateur classique occupait tous les rôles, de la conception de l'argumentation (la fameuse *inventio* des anciens) jusqu'à sa mise en forme et à sa délivrance au public, la nouvelle division des tâches va conduire à une spécialisation de plus en plus poussée. Les Grecs anciens exigeaient de l'orateur, qu'il soit plaignant devant un jury ou citoyen sur l'agora, de paraître en personne (la profession d'avocat ne se formera que tardivement). Il est rare aujourd'hui

18. Yves Winkin, « Éléments pour un procès de la PNL ». *MédiAnalyses*, n° 7, septembre 1990, p. 43-50

que celui qui le prononce soit totalement, ou même partiellement, l'auteur de son discours. Le corollaire de cette situation est que celui qui conçoit le message n'est pas souvent en position de l'assumer. Les conséquences de cette division du travail dans la communication sont peut-être plus fortes que dans d'autres secteurs (peu d'activités de la vie sociale échappent aujourd'hui à la division du travail).

Le XXe siècle voit la mise en place d'un bouquet de nouvelles professions dans le domaine du convaincre. Au début, celles-ci sont spécialisées essentiellement dans la confection de réputations et dans la « maîtrise des relations humaines ». On a vu naître ensuite, dans les années quatre-vingt, de véritables services consacrés à la communication dans les entreprises, puis dans les institutions publiques. Le personnage du « dircom » (directeur de la communication) prend alors pied dans l'imaginaire des entreprises. Une étude réalisée en 1993 montre que presque toutes les entreprises de plus de 5 000 salariés en France disposent d'un service de communication, la moitié d'entre eux étant apparus après 1985 [19].

De multiples filtres

L'acte qui consiste à convaincre va donc éclater en de multiples segments et passer à travers de nombreux filtres. Le message d'un homme politique, par exemple, outre sa coproduction par ses conseillers, fait l'objet d'une appropriation par les spécialistes en communication, qui vont le « mettre en forme » et l'adapter, puis,

19. Cité par Christophe GILLOIRE, « Communication et travail en entreprise, limites des approches scientifiques », mémoire de DEA en sciences politiques, université Paris-I-Sorbonne, 1996.

tout au long d'une chaîne descendante vers le public, d'une amplification par différents types de médiateurs, essentiellement des journalistes.

Il sera enfin, suivant le processus mis en évidence depuis longtemps dans les sciences de la communication, assimilé puis redistribué dans le public par des micro-leaders d'opinions. Les nouveaux professionnels du convaincre doivent prévoir les déformations éventuelles qu'un message pourra subir du fait de son traitement par les médias (à une échelle toute simple, par exemple, ne jamais prévoir une conférence de presse le jour d'un autre événement important, sous peine que le message ne soit littéralement noyé). Il doit connaître le contexte dans lequel les messages seront reçus (on ne lance pas une campagne de promotion d'une voiture rapide dans une ville qui vient d'être traumatisée par un accident provoqué par la vitesse).

Le spécialiste en communication est censé avoir l'œil, c'est-à-dire prévoir, anticiper, réagir, sur l'ensemble de ce circuit dont il n'occupe pourtant lui-même qu'une petite place. C'est pourquoi il réclame souvent d'être beaucoup plus qu'un simple rouage de la machine, un conseiller, un adjoint, proche du producteur lui-même, le dirigeant, l'homme politique, dont il doit impérativement *avoir l'oreille*. Il doit d'abord être quelqu'un d'écouté. En bref, le professionnel de la communication doit gagner sa place au soleil, alors qu'il est coincé entre les producteurs et les médiateurs.

La position des nouveaux spécialistes du convaincre n'est pas sans analogie avec celle du designer industriel, qui souhaite intervenir dans sa conception elle-même, en fonction de ce qu'il anticipe de la réception d'un produit dans le public. Publicitaires et spécialistes du marketing interviennent en amont sur la conception des produits afin de les rendre plus conformes aux attentes, réelles ou supposées, amplifiées en tout cas le plus souvent par le message publicitaire. Les conseillers en communication politique n'hésitent pas à peser sur les programmes des hommes politiques (pour le meilleur et pour le pire – comme on l'a vu lors des élections législatives françaises de juin 1997) et à devenir les spécialistes d'une sorte de « pilotage par l'aval ».

La tentation est grande, dès lors, d'être ceux par qui l'efficacité advient. Les communicants se présentent souvent comme des réducteurs d'incertitude, dotés des techniques appropriées. Il n'est pas rare qu'ils aient de ce fait une double culture. Leur formation universitaire, souvent vécue comme inadaptée par rapport aux « réalités du terrain », se double d'une culture professionnelle imprégnée de recherche d'efficacité à tout prix. Ces professions sont ainsi les plus fragilisées par rapport à la tentation manipulatoire.

La division du travail produit un autre effet. Elle induit, parmi les professionnels de la communication, la croyance qu'ils mettent en œuvre de simples outils et qu'ils ne sont pas responsables de l'utilisation qui en est faite. Cette disjonction dispense de toute contrainte éthique ceux qui se situent uniquement au niveau des méthodes. La « neutralité » supposée des outils sert ici à ne pas réfléchir à ce qui serait une éthique des moyens, distincte d'une éthique des fins. Dans l'autre sens, décideurs et dirigeants s'abritent souvent derrière le fait qu'ils ne sont pas responsables des outils qu'on leur fournit pour développer leurs points de vue ou leurs produits. On assiste en fait, sous couvert de division du travail, à la mise en place de modes d'organisation globalement déresponsabilisants sur le plan éthique.

Le rôle des médias

Les professionnels des médias n'échappent pas à cette position de retrait lorsqu'ils affirment « faire leur métier » en répercutant des propos quels qu'ils soient et sans regard sur la façon dont ils sont défendus. Comme le disait finement le cinéaste Jean-Luc Godard, l'objectivité journalistique, c'est une minute pour Hitler, une minute pour les Juifs. Les médias, au nom de cette division du travail et d'une idéologie professionnelle arc-boutée sur une croyance « neutraliste », se sont fait les meilleurs diffuseurs de l'amalgame xénophobe qui a occasionné tant de ravages dans la vie publique française ces dernières années.

On ne confondra pas ici la croyance neutraliste (les outils sont neutres et n'ont pas à être soumis à une évaluation éthique spécifique) et la nécessaire objectivité journalistique. Celle-ci ne devrait-elle pas servir de guide pour éclairer l'opinion, non pas sur le contenu des messages dont les journalistes sont les médiateurs, mais sur la nature des méthodes d'exposition et de conviction qui servent à les porter ? Le respect de la liberté d'expression, dont les médiateurs sont aussi les garants, a pour corollaire que l'on respecte l'intégrité des messages qui sont diffusés dans l'espace public. Elle implique aussi que l'opinion soit respectée et qu'on ne laisse pas volontairement, on ne sait finalement au nom de quelle justification, les effets des procédés manipulateurs s'amplifier du fait d'être ainsi répercutés par les médias.

À cette première fragilité, qui fait que les médiateurs, consciemment, sont aussi médiateurs de messages manipulatoires, s'ajoute le fait, largement commenté depuis les errances du traitement de la « révolution roumaine », qu'ils ne perçoivent pas toujours les manipulations dont ils sont l'objet eux-mêmes.

Les trois sources de fragilité que nous venons de repérer, qui constituent autant d'absence de résistance à la manipulation de la parole, ne sont pas sans lien. Le culte de l'efficacité ne peut que prospérer dans un univers où la parole n'a plus de repère et où, *in fine*, toutes se valent. La réflexion éthique, quand elle s'appuie sur une connaissance technique des effets du langage et de la parole, fournit de tels repères à tous ceux qui ont la responsabilité, immense, de la parole et de sa circulation. Cette faible résistance, sans doute caractéristique du XXe siècle, va amplifier les effets, déjà dévastateurs, de la manipulation et de ses techniques.

9

Les normes de la parole

Que faire contre la manipulation ? Et, d'abord, pourquoi faudrait-il faire quelque chose contre la manipulation ? Deux raisons essentielles nourrissent notre conviction que nous aurions tout à gagner à nous en passer et tout à perdre à accepter de nous y adonner. La première raison, comme nous l'avons souligné dès le début de ce livre, est que la manipulation menace la démocratie. Sa simple existence en sape les fondements en privant ce régime politique de ce qui constitue son élément le plus essentiel, la liberté de parole. Sa mise en œuvre se fait le plus souvent au profit de ceux qui ne voient dans la démocratie, et les possibilités qu'elle ouvre de gagner les opinions, que le moyen de l'abattre. Il y a une évidente congruence entre l'emploi de méthodes de privation de la liberté de conscience et des valeurs qui sont liberticides. Celles-ci conduisent d'ailleurs à celles-là. Même quand elle n'a pas une intention liberticide, la proposition la plus généreuse se pervertit d'accepter de tels moyens pour être défendue. La justesse de la cause n'annule jamais l'ignominie des méthodes.

La seconde raison qui devrait nous tenir éloignés de la tentation manipulatoire est que ces pratiques atteignent les fondements de la dignité humaine. Elles constituent un manque évident de *respect*, au sens que cette valeur tend à prendre aujourd'hui, de ce à quoi nous tenons finalement le plus : être nous-mêmes. La manipulation dépossède l'homme de lui-même. Elle en fait le jouet d'autrui. Elle brise insidieusement sa conscience pour en recomposer une autre, qui ne lui ressemble plus.

Agir contre la manipulation passe par une réflexion sur la question, délicate, des normes de la parole dans une société démocratique. Nous proposons ici quelques pistes de réflexion, conscient de naviguer à vue entre ces deux écueils que sont, d'une part, l'ultra-libéralisme, qui fait de la liberté de parole un absolu que ne saurait atteindre aucune norme et, d'autre part, les tentations, fréquentes outre-Atlantique, du « politiquement correct », qui instaurent en fait de nouvelles formes de censure. Auparavant il faut, une dernière fois, aborder les principales résistances qui empêchent de critiquer la manipulation.

Trois présupposés discutables en faveur de la manipulation

Malgré le réquisitoire accablant que la manipulation appelle, sa condamnation n'est ni unanime ni immédiate, loin s'en faut. Cela est compréhensible dès lors que ses mécanismes sont invisibles, mais que penser de ceux qui l'identifient clairement et pourtant en approuvent le principe, sans faire pourtant partie de ceux qui en profitent ?

Lorsque l'on étudie la littérature consacrée à la manipulation, il est fascinant de constater combien le plus souvent l'usage de celle-ci est légitimé et assez largement approuvé. Cela ne concerne pas uniquement les textes des années trente, mais aussi la plupart de ceux produits actuellement. La justification de l'emploi de telles méthodes était courante dans le passé proche. Tchakhotine est très clair à ce sujet lorsqu'il dit que « l'on peut faire de la propagande dynamique, même violente, sans violer les principes moraux, base de la collectivité humaine [1] ». Même antienne là où on s'y attendrait peut-être le moins : comme le rappellent Armand et Michèle Mattelart, à propos du sociologue américain Harold D. Lasswell, l'un des tout premiers spécialistes de la communication, pour lui « propagande rime désormais avec démocratie. La propagande constitue le seul moyen de susciter l'adhésion des masses ; en outre, elle est plus économique que la violence, la corruption ou d'autres techniques de gouvernement de ce genre [2] ».

Aujourd'hui, des auteurs comme Joule et Beauvois, dont nous avons vu qu'ils analysent avec finesse et précision les procédés de manipulation, soutiennent qu'« il n'est guère en effet que deux façons efficaces d'obtenir de quelqu'un qu'il fasse ce qu'on voudrait le voir faire : l'exercice du pouvoir (ou des rapports de force) et la manipulation ». Bien sûr, ajoutent-ils, « on peut s'en remettre aux aléas de l'argumentation ou de la séduction », mais ils ajoutent tout de suite que ce n'est pas pour tout le monde. Leur conclusion est simple : « Que faire alors, sinon manipuler [3] ? »

Plus explicites encore, certains soutiennent que « tout est manipulation », paraphrasant le « tout est communication » de Watzlawick. Pierre Raynaud, qui soutient cette thèse, propose ainsi, puisque l'on n'a pas le choix, de développer l'« art de manipuler [4] ». Travaillant sur la persuasion, Lionel Bellenger y voit un « mal nécessaire ».

---

1. Serge Tchakhotine, *op. cit.*, p. 559.
2. Armand et Michèle Mattelart, *op. cit.*, p. 19.
3. Robert-Vincent Joule et Jean-Léon Beauvois, *op. cit.*, p. 11-12.
4. Pierre Raynaud, *L'Art de manipuler*, Éditions Ulrich, Paris, 1996

Tant pis, nous dit-il, « si elle n'est que l'expression de la violence rusée pourvu qu'elle nous signifie que l'ordre en place n'est pas celui de la coercition et de la torture. Mieux vaut le détour et les habiletés diverses de la parole et de la feinte que le règne de la force et de l'autorité froide qui ignorent la persuasion[5] ». Cette justification, courante et qui reflète d'une certaine façon l'état du sens commun sur le sujet, s'appuie sur trois présupposés qu'il faut expliciter pour pouvoir les critiquer.

Une telle position suppose en premier lieu un point de vue qui se présente comme « réaliste » sur le monde. Les hommes seraient par nature agressifs, violents, concurrents. Lionel Bellenger s'appuie sur Henri Laborit et son affirmation du fait que notre culture serait fondée sur l'agressivité. De ce fait, la manipulation apparaît comme la seule alternative possible à la brutalité, à l'emploi de la force, à la violence physique. On refusera ici cette fausse alternative, fondée sur un point de vue idéologique abstrait sur le monde, extraordinairement figé et conservateur. Bien sûr, l'exercice du pouvoir et de la domination est une réalité de nos sociétés mais il est inscrit dans une évolution à long terme qui voit les rapports sociaux se pacifier. La démocratie a été une étape essentielle de cette pacification en substituant la parole à la violence. La parole est encore aujourd'hui le siège d'une violence manipulatoire, mais rien n'interdit d'espérer également une évolution de ce point de vue.

En second lieu, cette position favorable à la manipulation s'appuie sur une croyance dans le caractère neutre des outils. Comme le dit Harold D. Lasswell à propos de la propagande, « simple instrument, elle n'est

5. Lionel BELLENGER, *op. cit.*, p. 7.

ni plus morale ni plus immorale que la “manivelle de la pompe à eau”. Elle peut être utilisée à de bonnes fins comme à de mauvaises[6]». Il y aurait donc globalement les techniques pour convaincre et tout dépendrait de l’intention de celui qui les emploie. D’une certaine façon, la « neutralité des techniques » est un thème récurrent. Mais que veut dire neutralité dans ce cas ? Une bombe atomique est neutre et il faut quelqu’un pour décider de s’en servir, mais il est difficile de faire autre chose avec une bombe atomique que tuer et détruire ; elle est construite pour cela. Ainsi, certains procédés manipulatoires, le cadrage menteur par exemple, ne sont faits que pour manipuler. En ce sens, ils ne sont pas neutres. D’autres procédés sont légitimes dans un contexte donné : la séduction, par exemple. Mais son emploi au service d’autre chose, séduire pour convaincre en lieu et place d’argumenter, est un détournement de moyens. La séduction n’est plus un procédé neutre si elle est employée autrement que pour séduire. Elle devient alors un instrument orienté (il y a eu de ce point de vue une curieuse inversion au XVIIIe siècle : depuis Laclos en effet, on séduit pour argumenter et on argumente pour séduire). On ne peut guère en tout cas s’appuyer sur la neutralité des outils pour confondre toutes les méthodes et dédouaner ceux qui les utilisent sous le prétexte qu’ils les utiliseraient à de bonnes fins. Ce présupposé en cache en fait un autre : la croyance qu’une bonne cause sanctifie les moyens qu’elle utilise et les transforme en « bons moyens ». Cette croyance est rendue possible par l’absence de distinction entre une éthique des fins et une éthique des moyens.

Le troisième argument favorable à la manipulation est plus résistant que les deux précédents. Il consiste à

---

6. Armand et Michèle MATTELART, *op. cit.*, p. 19.

présenter la manipulation comme une arme de défense des faibles. Telle est la position de Joule et Beauvois, qui y voient « l'ultime recours dont disposent ceux qui sont dépourvus de pouvoir ou de moyen de pression[7] ». Transposée à l'échelle de la société, la question se poserait ainsi : lorsque la démocratie est menacée, est-il légitime d'utiliser des méthodes non démocratiques pour la défendre ? La réponse est évidemment oui, mais ces cas limites sont rares et ne sauraient constituer que des situations d'urgence. Nous parlons quant à nous de la manipulation au quotidien, or celle-ci est beaucoup plus utilisée au service des puissants. La tolérance à l'égard de l'emploi de telles méthodes au service de « ceux qui sont dépourvus de pouvoir » servira plutôt ceux-là que ceux-ci.

Lutter contre la manipulation et ses effets est une nécessité absolue dont nous ne prenons pas toujours conscience. Elle permet d'abord de protéger les personnes directement concernées, confrontées, pour partie de leur conscience ou en totalité, à un emprisonnement mental et affectif toujours destructeur. Elle contribue ensuite à sauvegarder le cadre démocratique, qui est entamé à chaque fois qu'un acte de ce type est posé.

Que faire contre la manipulation ?

Lutter contre la manipulation et ses effets passe d'abord par le développement, au titre d'une qualité à la fois humaine et citoyenne, de la capacité de chacun à décoder, à dévoiler les énoncés manipulatoires dont il peut être la cible. Cela est d'autant plus nécessaire,

---

7 Robert-Vincent Joule et Jean-Léon Beauvois, *op. cit.*, p. 12.

nous l'avons vu, qu'il ne faut guère compter sur les médiateurs pour remplir cette fonction. Même si ceux-ci se révélaient soudain parfaitement capables d'un tel dévoilement, cela ne dispenserait pas chacun d'entre nous d'exercer à son tour un tel talent, sauf à s'en remettre totalement et aveuglément aux médias. Cette capacité de décodage passe également par un exercice de la responsabilité individuelle de chacun, confronté au choix d'employer de telles méthodes.

Apprendre à décoder

Apprendre à décoder passe par un apprentissage technique. Il vaut mieux connaître les procédés manipulatoires pour être capable de les analyser sans complaisance. Notre système scolaire et universitaire ne nous aide pas, pour l'instant, dans cette tâche pourtant essentielle. Il nous manque ce que l'on pourrait appeler une « culture de l'analyse du message ». Son absence est d'autant plus regrettable que, d'une façon générale, comme on ne cesse de nous le dire, la communication est devenue un élément incontournable des sociétés modernes et que notre environnement social est aujourd'hui saturé de messages les plus divers, qui s'interposent le plus souvent entre nous et le monde.

Savoir analyser les messages reçus ou bien rester prisonnier de leurs effets constitue peut-être une des sources principales d'inégalité sociale aujourd'hui. Il est urgent que notre culture accorde une place plus importante à la compréhension des mécanismes communicationnels, des procédés argumentatifs, des méthodes manipulatoires. Il est nécessaire que nous sachions mieux ce pourquoi nous faisons les choses, comment nous formons nos opinions, ce qui fonde nos décisions. C'est précisément à cette connaissance-là que s'en prennent les techniques manipulatoires, ne se contentant pas d'un simple détour par rapport à la raison mais, bien plus, entretenant une véritable disqualification de la connaissance de soi et des autres.

Apprendre à décoder, ce n'est pas simplement savoir techniquement reconnaître un énoncé contraignant, c'est aussi être en mesure de se placer, le cas échéant, dans une posture paradoxale de refus ouvert, c'est *apprendre à être un être non influençable en même temps que rester disponible aux autres*. Le décodage n'est pas une fermeture. Il constitue au contraire l'indispensable pas de côté qui permet d'aller plus avant dans le monde.

L'exemple de la publicité à la télévision montre comment peut fonctionner un tel décodage, qui passe d'abord par une attitude avant d'être une analyse. Il faut d'abord rappeler que l'on n'est pas obligé de s'exposer à des messages auxquels on ne souhaite pas être confronté. Beaucoup de téléspectateurs choisissent de ne pas regarder cette partie des programmes télévisés, par agacement, désintérêt, mais aussi par crainte d'être exposés à la manipulation. Mais on peut aussi choisir de regarder la publicité. Tout ses messages ne sont pas manipulatoires et celle-ci contient une dimension informationnelle qui n'est pas négligeable, et qui peut même être utile. Le clivage essentiel tient à la posture que l'on adopte face aux messages que l'on reçoit : s'y laisse-t-on aller ou les reçoit-on d'un œil, sinon critique, au moins interrogatif ?

Le fond de cette attitude consiste à considérer que ce que l'on est en train de regarder n'est pas le spectacle d'une réalité existant en dehors de nous, mais bien un message construit qui s'adresse à nous. Dès lors, les questions à poser deviennent évidentes et productives : que veut-on nous dire, comment nous le dit-on, à quelle part de nous s'adresse-t-on ? Nul besoin à ce stade d'une grille d'analyse, de notes et de manuels (sinon pour une analyse plus fouillée), simplement un regard qui voit autrement, qui cesse d'être destinataire passif d'un spectacle mais acteur d'une réception qui ne s'en laisse pas conter tout en cherchant à comprendre.

Faut-il éviter d'être au contact de la manipulation ou bien plutôt utiliser l'énergie dont elle est chargée pour la retourner contre elle-même ? Déjouer la manipulation grandit celui qui s'y emploie et le fait se re-sentir homme libre. La joie que l'on peut en retirer ne tient pas seulement à la découverte de ce que le raisonnement critique permet, elle n'est pas une simple joie cognitive, elle est aussi le plaisir de s'éprouver soi-même comme un être singulier parce que de plain-pied dans un monde qui n'est plus un pur spectacle de marionnettes dès l'instant qu'on le comprend.

Exercer sa responsabilité individuelle

Une première étape de cette connaissance passe par une recherche introspective des procédés manipulatoires que l'on utiliserait soi-même sans s'en rendre compte ou sans en mesurer la portée. Il n'est pas si rare que le mieux intentionné d'entre nous n'ait été lui aussi amené à utiliser des méthodes qu'il réprouverait s'il en connaissait mieux la teneur. Il n'est pas rare que au détour de tel ou tel ouvrage sur la manipulation, le lecteur attentif ne découvre pas certains de ses propres comportements. Les techniques de manipulation imprègnent notre être en société et sont, en grande partie, indiscernables. Ce constat est un appel à la vigilance et à la responsabilité, plutôt qu'une source de démobilisation.

Que serait une éthique de l'orateur, c'est-à-dire de celui qui prend la responsabilité de s'adresser à un auditoire pour le convaincre ? Celle-ci pourrait s'appuyer sur une règle simple mais pourtant essentielle :

celui qui prétend convaincre est responsable de la façon dont l'auditoire reçoit le message. Il est l'animateur de la relation qui s'instaure à cette occasion et, plus que toute chose, il doit tout faire pour garantir que l'autre sera totalement libre d'adhérer à l'opinion qu'on lui propose. L'orateur comme responsable et garant de la liberté de l'auditoire : voilà la règle d'airain qui permet précisément d'éviter qu'un rapport manipulatoire vienne infiltrer la communication et l'instrumentaliser.

Une telle exigence est porteuse d'un formidable paradoxe : si l'on veut convaincre, ne doit-on pas se doter de tous les moyens possibles (surtout si l'on estime que sa cause est bonne, ou juste) ? Comment concilier la tension pour convaincre et la volonté de laisser l'autre faire un autre choix ? L'exercice de la responsabilité implique ici, plus que jamais, une éthique du renoncement à la force, à la puissance du verbe, à l'efficacité des procédés manipulatoires. En retour se dessine un lien social où chacun serait aussi l'acteur de la liberté d'autrui.

La liberté de parole est aussi une affaire de normes

Nous l'avons abondamment souligné jusqu'à présent, la liberté de parole constitue un trait essentiel de la démocratie. La plupart d'entre nous y sommes profondément attachés et elle ne manque pas de défenseurs. Comment définir la liberté de parole, au-delà d'un accord très général ? Nous avons plaidé tout au long de cet essai en faveur d'une distinction entre le monde des valeurs, des idées, des représentations, et celui des techniques mises en œuvre pour les partager, pour en convaincre autrui.

Cette séparation est fondamentale. Disposer d'une opinion n'engage que soi. Cet acte mobilise d'abord et surtout l'intériorité, la conscience de chacun. Il ne s'agit pas d'un acte social par nature. En revanche, vouloir la partager engage le lien social, implique une responsabilité qui se déploie à travers des techniques d'expression et de persuasion. La démocratie garantit à chacun le droit d'avoir une opinion. C'est ce régime politique et symbolique qui a ouvert la possibilité d'une conscience individuelle et a permis la construction des espaces intérieurs dans lesquels nous nous déployons et qui, en retour, autorise un autre lien social que celui d'une communauté totalisante où l'individu a peu de place. Ce droit est inaliénable. Il autorise tout, toutes les pensées, toutes les opinions. L'opinion, en démocratie, est sacrée, et toutes devraient être considérées comme non seulement licites, mais constitutives de notre être. On devrait donc, en théorie comme en pratique, pouvoir tout dire. Tout dire, oui, mais pas n'importe comment : tous les moyens sont-ils bons pour dire ?

Concrètement, cela signifie, pour prendre cet exemple central, que l'on peut bien, en démocratie, être raciste, se sentir raciste, se dire raciste, y compris dans l'espace public. Tel est le prix de la liberté d'opinion et de parole. Mais la vigilance démocratique, qui ne s'exerce pas sur l'opinion, doit en revanche s'interroger sur les moyens de diffuser ce type d'idées dans l'espace public.

Ayons le courage ici de dire que, contrairement aux pratiques actuelles, ruineuses pour la démocratie, il serait indispensable de ne pas autoriser, dans l'espace public, certains discours, non pas tant en fonction de leur contenu, que de leur caractère contraignant pour ceux qui les reçoivent. La démocratie s'honorerait, mais aussi se protégerait, d'établir des normes à ce sujet.

Dans un cas que nous avons abondamment traité, celui du tabac, une telle norme signifierait que chacun a totalement la liberté de fumer, mais que tout moyen visant à entraîner autrui à fumer, sur la base d'un prosélytisme manipulatoire, devrait être proscrit. Qu'on nous comprenne bien, l'interdiction de la plupart des messages publicitaires en faveur du tabac se justifie ici non pas par la nocivité du tabac (que chacun devrait être libre d'apprécier) mais par le fait qu'elle met en jeu des mécanismes d'influence manipulatoire. Ce sont ces derniers qui devraient être visés et exclus de l'espace public afin de rendre à chacun sa véritable liberté de choix.

Cette position, tout en étant normative, est, à notre sens, la seule qui protège de tout moralisme et de toute censure. Elle relève en fait d'un optimisme fondamental. En l'occurrence, on croira ici que le racisme ne peut pas s'argumenter raisonnablement et doit forcément avoir recours, pour se diffuser, à des procédures de discussion manipulatoires. L'application d'une norme qui limiterait dans l'espace public l'usage de tels procédés conduirait probablement le racisme au silence social. Sur quoi d'autre en effet le fonder que sur de tels procédés ? De la même façon, compte tenu du contexte particulier de ce produit, des réticences du public et de l'information médicale sur ces questions, la publicité pour le tabac, si elle veut être efficace – de son point de vue –, doit forcément, elle aussi, être manipulatrice. Limiter la manipulation ne supprimerait pas la publicité, elle la moraliserait véritablement.

Normes restrictives et ouverture

Vouloir proscrire de l'espace public démocratique les messages manipulatoires peut-il être assimilé, comme ne manqueront pas de le dire certains défenseurs des conceptions libérales, à un viol de la liberté, ou, au moins, à une norme *restrictive*? La difficulté à résister à la manipulation est peut-être le signe que nous sommes enfermés aujourd'hui dans une conception libérale de la parole, qui ne se rattache pas tant à un idéal abstrait de liberté (on pourrait tout dire, tout faire), mais plutôt à un point de vue pragmatique dont la règle serait la suivante : si une idée trouve preneur sur le « marché » des idées, alors il est légitime qu'elle y soit présente. Il y a là une véritable contamination par l'univers marchand d'un monde qui lui échappait presque complètement jusque-là, celui des idées, des opinions, des représentations. L'apologie de l'homme interactif, de l'être moderne comme entièrement social, extro-déterminé, conduit à faire de la loi de l'offre et de la demande le critère essentiel de la liberté de parole. Toute autre conception est assimilée à de la censure.

Or la restriction n'est pas toujours une fermeture, elle est une autre ouverture et c'est souvent de renoncer à une voie qui nous fait en ouvrir une autre, plus profitable. Ne pas autoriser à tout dire n'est pas forcément censurer.

Prenons pour exemple l'amalgame xénophobe entre le chômage et la présence d'étrangers sur le sol national. Un tel propos qui ne peut s'exprimer que sur un mode manipulatoire a pour conséquence d'empêcher ceux qu'il convainc de se forger d'autres opinions sur le chômage et ses causes. Tel est l'effet de la propagande : elle ligote intellectuellement ceux qu'elle atteint. La limitation d'expression sur la place publique de ce type d'amalgame a pour effet non de fermer le débat, de censurer la parole, mais, au contraire, d'ouvrir l'espace de la discussion et de rendre possibles de multiples interrogations sur les causes du chômage. L'imposition d'une norme libère en quelque sorte la parole qu'un acte de propagande toléré conduit en fait à refermer.

L'intériorisation des normes

Constater que toutes les méthodes de communication des idées ne sont pas bonnes implique donc la mise en place de normes. Celles-ci sont-elles forcément juridiques ? N'y a-t-il pas un scandale à vouloir proposer ainsi des normes dans le discours ? Rappelons d'abord que le discours est fait de normes. L'illusion libérale d'un discours totalement libre, sans frontière, se heurte à la réalité sociale et structurelle du langage, qui fait que parler c'est déjà clore. Ces clôtures multiples dont la parole est le produit sont relatives aux temps et aux mœurs. Elles ne sont pas toujours l'objet d'un choix collectif ou individuel, mais elles sont intériorisées et, finalement, approuvées.

Pour comprendre ce que pourrait représenter la formation de normes de la parole, on peut se reporter aux strates précédentes où se sont formées des normes sociales qui sont maintenant intériorisées. Le processus de civilisation moderne passe la plupart du temps par un certain renoncement à la violence dans les rapports sociaux. La plus formidable révolution de ce point de vue a sans doute été le renoncement à la vengeance privée, pratiquée depuis la nuit des temps, et qui voit le jour en Grèce à la période démocratique. Ce changement est associé à l'irruption de l'égalité entre les hommes comme valeur organisatrice de la cité. Comme le rappelle Vernant, « le meurtre cesse d'être une affaire privée [...] à la vengeance du sang, limitée à un cercle étroit, mais obligatoire pour les parents du mort et qui peut engendrer un cycle fatal de meurtres et de contre-meurtres, se substitue une répression organisée dans le cadre de la cité, contrôlée par le groupe et où la collectivité se trouve engagée en tant que telle[8] ». On imagine

8. Jean-Pierre VERNANT, *Les Origines de la pensée grecque*, PUF, Paris, 1962.

mal sans doute la révolution des consciences qu'une telle modification a dû opérer. Elle témoigne de la force de l'idée d'égalité et de l'immense confiance dans le collectif de la cité qu'elle représente.

Cette norme est aujourd'hui presque totalement intériorisée. Le renoncement à la vengeance privée – qui occupait une place si importante dans l'espace social –, loin d'être une restriction, a constitué une ouverture, une libération dans la manière de concevoir un lien social pacifié, en instituant une loi qui médiatise les rapports entre les hommes. Ne faut-il pas imaginer aujourd'hui de nouvelles normes qui concerneraient cette fois-ci la parole ? La question importante, dans cette perspective, est évidemment celle de savoir sur quoi fonder de telles normes.

Liberté d'expression et liberté de réception

La liberté de parole sur laquelle un consensus s'est établi – du moins entre les démocrates – n'est-elle pas trop souvent identifiée à la seule liberté d'expression ? Ne vit-on pas sous un régime trop restreint du point de vue de la parole ? La liberté de parole suppose qu'elle puisse circuler le plus librement possible. Pour reprendre la description d'Emmanuel Terray, que nous avons citée en début de ce livre, l'invention démocratique consiste à découper dans l'espace du social un périmètre au sein duquel on décide que les hommes sont égaux, quelles que soient les inégalités qui existent à l'extérieur de ce périmètre.

L'égalité, la symétrie constituent les valeurs fondamentales auxquelles, à l'intérieur de ce périmètre, rapporter la parole et sa circulation. Chacun a le droit de s'exprimer librement, mais la condition expresse de cette possibilité est que chacun ait le droit de recevoir librement les messages qui circulent dans ce lieu égalitaire.

À ces deux libertés fondamentales il faut ajouter le droit de transmettre (la liberté de médiation). Ainsi la liberté de parole, loin de se réduire simplement à la liberté d'expression, doit-elle être regardée dans ses trois composantes et dans la complexité qui en résulte.

Protéger la liberté d'expression est indispensable, protéger la liberté de réception l'est tout autant. Or nos institutions démocratiques protègent de façon sourcilleuse la première, mais s'intéressent peu à la seconde. La possibilité de manipulation de la parole tient justement à ce déséquilibre. Aucune limite n'est fixée à l'acte d'exprimer, notamment d'exprimer pour convaincre. La limite du convaincre, c'est la liberté de l'auditoire d'être convaincu, celle justement, que les techniques manipulatoires restreignent. Cette extension de la liberté de parole, plus seulement à la liberté d'expression mais également à la liberté de médiation et, surtout, à la liberté de réception, correspondrait à une étape supérieure de la démocratie et à un épanouissement de la liberté tout court.

Normes et liberté de réception

Comment fixer, techniquement, de telles normes, qui, loin de la limiter, libéreraient la parole des entraves dans lesquelles elle est maintenue actuellement ? Nous l'avons évoqué plus haut, bien avant d'être une affaire de techniques, le refus de la manipulation est d'abord une question de posture éthique. Mais celle-ci, sous peine de n'être qu'un idéal potentiellement pris au piège de la réalité et de ses effets pervers, doit être une *posture informée*. L'un des risques majeurs que provoque l'accoutumance à la manipulation dans nos sociétés modernes est la méfiance générale qu'elle risque de faire retomber sur toute entreprise visant à convaincre. L'existence d'un tel risque suppose qu'il existe des formes du convaincre qui ne soient pas manipulatoires. Toute norme qui garantirait la liberté de réception – donc une vraie liberté de parole – devrait s'inspirer d'une réflexion, encore largement à construire, sur ce qu'est l'argumentation, comme technique acceptable du convaincre, dans sa différence avec la manipulation.

Cette question, qui constitue un véritable chantier d'avenir (et qui ne sera ici qu'évoquée), n'est pas simple. Elle le serait si des frontières clairement délimitées, stables, aisément identifiables, séparaient l'argumentation de la manipulation. Or ce n'est pas le cas, pour au moins deux raisons. La première est que l'argumentation et la manipulation font partie d'un même continuum, celui des techniques pour convaincre. Prenons le cas de l'argument d'autorité et de la manipulation qui consiste à peser de son autorité pour convaincre indûment. L'argument d'autorité est un véritable argument, c'est-à-dire une proposition faite à l'autre, libre de l'accepter ou non. Il s'appuie, par exemple, sur la compétence qui vient légitimer une opinion. Celle-ci n'est pas partagée par l'auditoire qui va, du coup, faire confiance à cette autorité et s'en remettre à elle. L'appel à la séduction autoritaire qui fait le fond de cette sorte de manipulation est conçu, lui, pour être particulièrement contraignant, pour empêcher l'auditoire de faire un autre choix d'opinion que celui qui lui est proposé. Dans un cas, une autorité propose ; dans l'autre, elle impose.

La distinction entre argumentation et manipulation paraît ainsi claire, mais, dans les faits, elle ne l'est pas autant. Dans certaines situations, on a affaire clairement à de l'argumentation et, dans d'autres, clairement à de la manipulation. Mais ces situations sont marginales, peu fréquentes par rapport à ce qui fait le tout courant des interactions. Là sont mélangés, avec des intensités variables, des éléments argumentatifs et des éléments manipulatoires, au sein d'une palette de procédés pour convaincre qui relèvent d'un processus continu plutôt que discontinu. Ceux qui soutiennent qu'il y a toujours de la manipulation n'ont pas, de ce point de vue, tout à fait tort (ils ont tort en revanche de ne voir que cela dans le convaincre). La question est plutôt de savoir comment faire décroître l'intensité de la part manipulatoire de tout énoncé visant à convaincre, jusqu'à la rendre, si possible, sans effet.

La seconde raison qui rend difficile une séparation nette entre argumentation et manipulation tient à ce que tout dépend, finalement, des situations de communication particulières dans lesquelles le convaincre est à l'œuvre. Un énoncé donné, entre tels partenaires d'une interaction, sera manipulatoire car l'auditoire, par exemple, sera inapte à le décoder comme tel. Il le prendra au premier degré et sera manipulé, même parfois si l'auteur du message ne l'a pas souhaité. Dans un autre contexte, entre partenaires avertis sur le point précis qui fait l'objet de la discussion, un énoncé qui serait autrement manipulatoire constituera une source vivante d'échange. La construction de normes dans ce domaine doit donc tenir compte de la richesse et de la singularité des relations. Cette difficulté augmente encore dans le contexte des communications médiatisées, où un même message peut se révéler manipulatoire pour une partie du public et pas du tout pour une autre, qui en aura déjoué les pièges.

La construction de normes qui garantiraient la liberté de réception relève donc fondamentalement d'une réflexion vivante qui ne peut avoir lieu qu'au sein de la culture, c'est-à-dire aussi des systèmes d'éducation, d'enseignement et de recherche. C'est bien, au bout du compte, parce que le convaincre s'est développé en dehors de la culture qu'il a pu connaître les dérives actuelles. La norme, quelle qu'elle soit d'ailleurs, est bien toujours l'intégration dans la culture des hommes d'une exigence fondamentale qui les fait progresser dans leur manière d'être ensemble. La réconciliation entre la culture et la technique, qu'avait opérée un temps la rhétorique classique, est de nouveau à l'ordre du jour et appelle, peut-être, une *nouvelle rhétorique*, seul lieu où de telles normes peuvent voir le jour.

Conclusion

Cet essai maintenant terminé, notre position s'affirme plus clairement. Parti d'une description des techniques de manipulation de la parole, que nous avons souhaitée la plus objective possible, nous arrivons maintenant, au terme de cette démarche, à un souhait normatif. Qu'il soit clair que nous ne sommes pas embarrassé par l'idée que la norme est non seulement souhaitable, mais signe de culture. Les effets brumeux du « il est interdit d'interdire » se sont dissipés. On a vu clairement à quel point tout cela avait nourri un système du laisser-faire au service des puissants, qui n'utilisent la démocratie que comme marchepied de leurs intérêts et de leurs affaires.

La norme libère. La norme permet aussi la transgression. Elle ouvre des possibilités plus égales pour tous. L'exercice de la parole n'échappera pas, si l'on veut progresser vers une meilleure accession de chacun à la vie publique, à la vie sociale tout court, à ce travail de responsabilité. Les directions que nous avons indiquées sont déjà à l'œuvre ici et là.

La conscience que nos systèmes de formation, scolaire, universitaire et autres doivent intégrer un enseignement de la parole progresse chaque jour. Il y a là une exigence citoyenne. Le modèle de cette formation existe : la rhétorique des Anciens, école d'éducation morale et civique. Il faut y revenir pour le dépasser, pour l'adapter aux conditions de notre époque. Sommes-nous donc moins que les Grecs et les Romains pour prétendre ne plus avoir à apprendre à débattre, à argumenter, à connaître les limites du respect de l'autre dans ce domaine ? N'est-ce pas dans l'apprentissage de l'échange de la parole que nous apprenons à être citoyen ?

La conscience que l'efficacité, la rationalité scientifique, ou prétendue telle, devrait cesser de guider toutes nos actions progresse elle aussi. L'efficacité est toujours, au bout du compte, le règne d'un pouvoir qui avance masqué. Entre une parole illusoirement rationnelle et une parole marquée au coin du laisser-faire le plus absolu, c'est tout un univers de responsabilité qui s'ouvre, dont la règle est le respect de l'autre.

La conscience que les médiateurs ne sauraient avoir le monopole de la circulation de la parole et de la forme qu'elle prend est également à l'ordre du jour, y compris dans les milieux professionnels des médias. Le respect de la parole de l'autre appelle là aussi une éthique de l'effacement de la part de ceux qui, à force d'avoir trop de pouvoir, finissent par ne plus avoir de prise sur le réel.

Notre société découvre chaque jour un peu plus que l'on ne peut pas tout faire, critiquer les méthodes manipulatoires et propagandistes chez le voisin, au sein de régimes politique honnis, et les appliquer soi-même dans l'univers de la consommation, de la santé, de la vie publique. Beaucoup d'entre nous sont sensibilisés aujourd'hui à la manipulation et ne sont plus prêts à ce que celle-ci se déploie sans frein, laissant le champ libre, pour ne citer qu'eux, aux partisans de l'extrême droite ou aux commerçants sans scrupule. Notre société doit se protéger et protéger ceux de ses membres qui sont les plus fragiles du point de vue de l'influence.

Il est temps, peut-être, de réfléchir aux conditions de l'épanouissement d'une véritable liberté de parole afin de permettre un meilleur accomplissement de la démocratie.

Bibliographie

ACHARD Guy, *La Communication à Rome*, Payot, Paris, 1994.

ARISTOTE, *Rhétorique*, livre 1, texte établi et traduit par Médéric Dufour, Les Belles Lettres, Paris, 1967.

Article « Propagande », *Encyclopaedia Universalis*, Paris, 1995.

Article « propagande », *Dictionnaire historique de la langue française*, Dictionnaires Le Robert, Paris, 1992, p. 1649.

Article « Propagande » rédigé par Guy DURANDIN, *Dictionnaire critique de la communication*, sous la direction de Lucien SFEZ, PUF, Paris, 1993.

Article « Terreur », *Dictionnaire historique de la langue française*, Paris, 1992, p. 2108.

BANDLER Richard et GRINDER John, *Les Secrets de la communication, les techniques de la PNL*, Le Jour éditeur, Montréal, 1982.

BARTHES Roland, « L'ancienne rhétorique », *Communications « Recherches rhétoriques »*, n° 16, Seuil, Paris, 1970.

BELLENGER Lionel, La Persuasion, « Que sais-je ? », n° 238, PUF, Paris, 1985.

BENOIT Ch., *Essai historique sur les premiers manuels d'invention oratoire jusqu'à Aristote*, 1846, Vrin reprise, Paris, 1983.

BERNSTEIN Richard, « Bill Clinton, le "président ado" », *Le Monde*, Paris, 7 novembre 1996.

BLOCISZEWSKI Jacques, « Publicité et manipulation sociale », *Le Monde diplomatique*, Paris, mars 1993

BONNAFOUS Simone, The method of argumentation of Jean-Marie Le Pen, Leader of the French extreme-right wing in an impor tant political television program (1995) in *Politically speaking : a worldwinde examination of language use in the public sphere,* Christ'I De Landhster et Ofer Feldman (Dir.) Greenwood Publishing House, Wesport C+, USA, 1997.

Boudon Raymond, *L'Art de se persuader des idées douteuses, fragiles ou fausses*, Points Seuil, Paris, 1990.
Breton Philippe, *À L'image de l'homme, du golem aux créatures virtuelles*, Seuil, Paris, 1995.
Breton Philippe, *L'Utopie de la communication*, La Découverte/ Poche, Paris, 1997.
Breton Philippe et Proulx Serge, *L'Explosion de la communication, la naissance d'une nouvelle idéologie*, Poche/Découverte, Paris, 1996.
Breton Philippe, « Faut-il appliquer le principe de laïcité à Internet ? », revue *Terminal*, été-automne 1996.
Breton Philippe, *L'Argumentation dans la communication*, La Découverte, « Repères », Paris, 1996.
Cicéron Quintus, *Petit Manuel de campagne électorale*, Arléa, Paris, 1996.
Collon Michel, *Attention médias !*, EPO, Bruxelles, 1994.
Compagnon Antoine, *La Troisième République des lettres*, Seuil, Paris, 1983.
Dayan Daniel, « Les mystères de la réception », *Le Débat*, n° 71, Paris, 1992.
Debray Régis, interview dans *Sciences Humaines*, n° 38, Paris, avril 1994.
Dumont Louis, *Essai sur l'individualisme, une perspective anthropologique sur l'idéologie moderne*, Essais, Paris, 1983.
Ellul Jacques, *Histoire de la propagande*, PUF, « Que sais-je ? », Paris, 1967.
Épictète, Manuel, trad. M. Meunier, Garnier-Flammarion, Paris, 1964.
Ewen Stuart, *Consciences sous influence*, Aubier, Res, Paris, 1983.
Ferenczi Thomas, « L'avis du médiateur », *Le Monde* 29-30 décembre 1996.
Fleury-Vilatte Béatrice (sous la dir. de), *Les Médias et la guerre du Golfe*, Presses universitaires de Nancy, Nancy, 1992.
Freund Andreas, *La Mésinformation*, La Pensée sauvage, Paris, 1991.
Fumaroli Marc, *L'Âge de l'éloquence*, Albin Michel, Paris, 1994.
Gauthier Gilles, « La mise en cause de l'objectivité journalistique », *Communications*, vol. 12, n° 2, Paris, 1991.

GILLOIRE Christophe, *Communication et travail en entreprise, limites des approches scientifiques*, mémoire de DEA en sciences politiques, Sorbonne, Paris-I, Paris, 1996.

GOLDHAGEN Daniel Jonah, *Les Bourreaux volontaires de Hitler*, Seuil, Paris, 1997.

GOLOMSTOCK Igor, *L'Art totalitaire*, Éditions Carré, Paris, 1991.

GOYET Francis, *Rhétorique de la tribu, rhétorique de l'État*, PUF, Paris, 1994.

GRIMAL Pierre, *La Civilisation romaine*, Arthaud, 1968.

GRUNIG Blanche, *Les Mots de la publicité, l'architecture du slogan*, Presses du CNRS, Paris, 1990.

GUSDORF Georges, *La Parole*, PUF, Paris, 1952.

HARTOG François, « Liberté des anciens, liberté des modernes : la Révolution française et l'Antiquité », *Les Grecs, les Romains et nous, l'Antiquité est-elle moderne ?*, textes réunis par Roger-Pol Droit, *Le Monde* Éditions, Paris, 1991, p. 119-138.

HILL Catherine, DOYON Françoise et SANCHO-GARNIER Hélène, *Épidémiologie des cancers*, Éditions Flammarion, « Médecine-Sciences », Paris, 1997.

INCIYAN Erich, « La police des polices enquête sur une officine de coups tordus au ministère de l'Intérieur », *Le Monde*, Paris, 17 octobre 1995.

JOULE Robert-Vincent et BEAUVOIS Jean-Léon, *Petit Traité de manipulation à l'usage des honnêtes gens*, Presses universitaires de Grenoble, Grenoble, 1987.

KOREN Roselyne, « L'argumentaire de l'Un dans le regard de l'Autre, le jeu des dénominations », *Mots*, n° 50, Paris, mars 1997.

LABORDE Genie, *Influencer avec intégrité*, InterÉditions, Paris, 1987.

LE BRETON David, *Anthropologie du corps et modernité*, PUF, Paris, 1990.

LE BRETON David, *Le Silence*, Éditions Métailié, Paris, 1997.

LE GOFF Jean-Pierre, *Le Mythe de l'entreprise*, La Découverte, Paris, 1992.

LIPOVETSKY Gilles, *L'Empire de l'éphémère*, Gallimard, Paris, 1987.

MARC Aurèle, *Pensées pour moi-même*, trad. M. Meunier, Garnier-Flammarion, Paris, 1964.

MATTELART Armand et Michèle, *Histoire des théories de la communication*, La Découverte, « Repères », Paris, 1995.

MICHAUD Éric, *Un art de l'éternité*, Gallimard, Paris, 1996.

NANCY Jean-Luc et LACOUE-LABARTHE Philippe, *Le Mythe nazi*, Éditions de l'Aube, La Tour-d'Aigues, Paris, 1991.

OLÉRON Pierre, *L'Argumentation*, PUF, « Que sais-je ? », n° 2087, Paris, 1993.

PACKARD Vance, *La persuasion clandestine*, Calmann-Lévy, Paris, 1958, 1984.

PERELMAN Chaïm et OLBRECHTS-TYTECA Lucie, *Traité de l'argumentation, la nouvelle rhétorique*, Éditions de l'université de Bruxelles, Bruxelles, 1970.

POIROT-DELPECH Bertrand, « Rectificatifs », *Le Monde*, Paris, 22 janvier 1997.

RAYNAUD Pierre, *L'Art de manipuler*, Éditions Ulrich, Paris, 1996.

REBOUL Olivier, *Introduction à la rhétorique*, PUF, coll. « Premier cycle », Paris, 1991.

REMILLEUX Jean-Louis, *Le Salaud lumineux*, Michel Lafon, Édition° 1, Paris, 1990.

RENAUT Alain, *L'individu, réflexions sur la philosophie du sujet*, Hatier, « Optiques philosophie », Paris, 1995.

RICHELLE Marc, article « Conditionnement », *Encyclopaedia universalis*, Paris, 1995.

RIESMAN David, *La Foule solitaire, anatomie de la société moderne*, Arthaud, 1964.

SFEZ Lucien, *Critique de la communication*, Seuil, Paris, 1988.

SLAMA Alain-Gérard, *L'Angélisme exterminateur. Essai sur l'ordre moral contemporain*, Grasset, « Pluriel », Paris, 1995.

STEINER George, *Dans le château de Barbe-Bleue*, Gallimard « Folio essai », Paris, 1973.

STEINER Georges, *Réelles Présences, les arts du sens*, Gallimard, Paris, 1991.

SUN TSÉ, *L'Art de la guerre*, L'Impensé radical, Paris, 1978.

TACITE, *Dialogue des orateurs*, Société d'édition « Les Belles Lettres », 1985.

TCHAKHOTINE Serge, *Le Viol des foules par la propagande politique*, Gallimard, Paris, 1952.

TERRAY Emmanuel, « Égalité des anciens, égalité des modernes », *Les Grecs, les Romains et nous, l'Antiquité est-elle moderne ?*, textes réunis par Roger-Pol Droit, *Le Monde* Éditions, Paris, 1991.

VERNANT Jean-Pierre, *Les Origines de la pensée grecque*, PUF, Paris, 1962.

WATZLAWICK Paul, *La Réalité de la réalité, Confusion, désinformation, communication*, Seuil, Paris, 1978.

WATZLAWICK Paul, WEAKLAND John et Richard FISCH, *Changements, paradoxes et psychothérapie*, Seuil, Paris, 1975.

WATZLAWICK Paul, *Le Langage du changement, éléments de communication thérapeuthique*, Seuil, Paris, 1980.

WATZLAWICK Paul, *Une logique de la communication*, Seuil, Paris, 1976.

WINDISCH Uli, « L'argumentation politique : un phénomène social total, pour une sociologie radicalement quotidienne », *Année sociologique*, Paris, juin 1995.

WINKIN Yves, « Éléments pour un procès de la PNL », *MédiAnalyses*, n° 7, Paris, septembre 1990, p. 43-50.

Table des matières

Introduction 7

1. Permanence de la manipulation 13
La manipulation existe-t-elle encore ? 16
Plus de causes à défendre ? 16
Démocratie et manipulation 18
Une manipulation sans effet ? 20
Qu'est-ce que la manipulation ? 22
Une distinction normative 23
Un mensonge organisé 24
Vaincre une résistance 26

2. L'importance de la parole 28
La parole fondatrice de l'humain 29
La parole fruit d'une régression ? 30
La parole démocratique 33
La parole, alternative à la violence 35
Le fantôme de la parole démocratique 37
Tyrannie et manipulation 39
Le XXe siècle ou le régime du convaincre 41
Les convaincus et les autres 43
La force de la parole 44
La guerre froide : une affaire d'idéal 45

La fin du millénaire : de féroces luttes d'idées .. 46
Le combat du libéralisme 46
Les nouveaux messianismes 47
Le renouveau de l'extrême droite 50
Un nouvel empire du convaincre : la publicité 51
De quoi la publicité veut-elle nous convaincre ? 52
Publicité, relations publiques, communication politique 56

3. La technicisation de la parole 58
L'art de convaincre devenu technique 59
L'invention de l'art de convaincre 59
Les hésitations de la première rhétorique 61
L'apport décisif d'Aristote 62
Un clivage essentiel 64
Le recours massif aux techniques de manipulation de la parole 65
La désinformation 66
La naissance de la propagande 68
Le fonctionnement de la propagande 71
La nécessité d'un inventaire 73
Un public trop éduqué 74
Une continuité essentielle 75
L'importance des exemples 77

4. La manipulation des affects 79
L'appel aux sentiments 81
La séduction démagogique 83
La séduction par le style 84
Manipuler par la clarté 85
L'esthétisation du message 87

La peur, l'autorité 87
La manipulation des enfants 90
L'amalgame affectif 91
L'effet fusionnel 93
La répétition 94
L'hypnose et la synchronisation 96
Le rôle du toucher 98

5. La manipulation cognitive 101
Le cadrage manipulateur 101
Le cadrage menteur 102
Le recadrage abusif 108
Les mots piégés 109
Les rails mentaux 112
La naturalisation du réel 114
Une image déformée 114
Le cadrage contraignant 116
La manipulation expérimentale 118
L'amalgame cognitif 120
Les leviers pour convaincre 121
La cigarette virile 124
L'amalgame xénophobe 126
Communication ou manipulation 128

6. Un exemple de manipulation globale 130
Le texte d'un débat riche en manipulation 132
Analyse de la séquence 1 133
Analyse des séquences 2 à 7 136
Analyse des séquences 8 et 9 137
Analyse de la séquence 10 139
Un complexe de techniques manipulatoires 140

7. Les deux effets de la manipulation 142
La manipulation efficace 144
Comment contraindre à consommer 145
Une catastrophe pour la santé publique 146
Un affaiblissement de l'information et de la prévention 149
Les ravages de l'amalgame 150
Les effets indirects 152
Les nouvelles sources de l'individualisme 155
La séparation sociale 157
La désynchronisation sociale 158
L'individualisme et la parole 159
La recherche d'un lien fusionnel 162

8. Un faible résistance 165
Une pratique sans culture 166
Une influence devenue souterraine 166
La disparition de la rhétorique 167
L'absence d'un enseignement de la parole ... 169
L'absence de théories du convaincre 169
L'absence d'une réflexion éthique 171
Efficacité et conception instrumentale de l'humain 172
La culture pavlovienne 174
Les années cinquante : la recherche des motivations 177
Les années quatre-vingt : le néo-comportementalisme 179
La poussée du scientisme 181
Une division du travail déresponsabilisante 183
De multiples filtres 184
Le rôle des médias 186

9. Les normes de la parole 189
Trois présupposés discutables en faveur de la manipulation 190
Que faire contre la manipulation 194
Apprendre à décoder 195
Exercer sa responsabilité individuelle 197
La liberté de parole est aussi une affaire de normes 198
Normes restrictives et ouverture 200
L'intériorisation des normes 202
Liberté d'expression et liberté de réception 203
Normes et liberté de réception 204

Conclusion 208

Bibliographie 211

Dans la même collection

Littérature et voyages

Fadhma Amrouche, *Histoire de ma vie.*

Taos Amrouche, *Le grain magique.*

Ibn Batûtta, *Voyages* (tome 1).

Ibn Batûtta, *Voyages* (tome 2).

Ibn Batûtta, *Voyages* (tome 3).

Louis-Antoine de Bougainville, *Voyage autour du monde.*

René Caillié, *Voyage à Tombouctou* (tome 1).

René Caillié, *Voyage à Tombouctou* (tome 2).

James Cook, *Relations de voyage autour du monde.*

Hernan Cortés, *La Conquête du Mexique.*

Homère, *L'Odyssée.*

Jean-François de Lapérouse, *Voyage autour du monde sur* l'Astrolabe *et* la Boussole.

Bartolomé de Las Casas, *Très brève relation de la destruction des Indes.*

Louis-Sébastien Mercier, *L'An 2440, Rêve s'il en fut jamais.*

Louis-Sébastien Mercier, *Le tableau de Paris.*

Louise Michel, *La Commune, Histoire et souvenirs.*

Martin Nadaud, *Léonard, maçon de la Creuse.*

Mongo Park, *Voyage dans l'intérieur de l'Afrique.*

Marco Polo, *Le devisement du monde, le livre des merveilles* (tome 1)

Marco Polo, *Le devisement du monde, le livre des merveilles* (tome 2)

Inca Garcilaso de la Vega, *Commentaires royaux sur le Pérou des Incas* (tome 1)

Inca Garcilaso de la Vega, *Commentaires royaux sur le Pérou des Incas* (tome 2)

Inca Garcilaso de la Vega, *Commentaires royaux sur le Pérou des Incas* (tome 3)

Essais

Mumia Abu-Jamal, *En direct du couloir de la mort.*

Rochdy Alili, *Qu'est-ce que l'islam ?*

La Découverte/Poche

La Découverte/Poche

Michel Authier et Pierre Lévy, *Les arbres de connaissances.*

Louis Barthas, *Les carnets de guerre de Louis Barthas, tonnelier, 1914-1918.*

Michel Beaud, *Le basculement du monde.*

Paul Blanquart, *Une histoire de la ville.*

Augusto Boal, *Jeux pour acteurs et non-acteurs.*

Augusto Boal, *Théâtre de l'opprimé.*

Lucian Boia, *La fin du monde.*

Philippe Breton, *L'utopie de la communication.*

François Burgat, *L'islamisme en face.*

Ernesto Che Guevara, *Journal de Bolivie.*

Daniel Cohn-Bendit, *Une envie de politique.*

Gustave Folcher, *Les carnets de guerre de Gustave Folcher, paysan Languedocien, 1939-1945.*

Daniel Guérin, *Ni Dieu ni Maître* (tome 1).

Daniel Guérin, *Ni Dieu ni Maître* (tome 2).

Roger-Henri Guerrand, *Les lieux.*

Roger-Henri Guerrand, *L'aventure du métropolitain.*

Jean Guisnel, *Guerres dans le cyberespace.*

Joseph Klatzmann, *Attention statistiques !*

Paul R. Krugman, *La mondialisation n'est pas coupable.*

Pierre Larrouturou, *Pour la semaine de quatre jours.*

Jean-Pierre Le Goff, *Les illusions du management.*

Pierre Lévy, *L'intelligence collective.*

Pierre Lévy, *Qu'est-ce que le virtuel ?*

Paul Lidsky, *Les écrivains contre la Commune.*

André L'Hénoret, *Le clou qui dépasse.*

Alain Lipietz, *La société en sablier.*

Sven Ortoli et Jean-Pierre Pharabod, *Le cantique des quantiques, Le monde existe-t-il ?*

Daya Pawar, *Ma vie d'intouchable.*

Paulette Péju, *Ratonnades à Paris.*

Jeremy Rifkin, *La fin du travail.*

Charles Rojzman, *Savoir vivre ensemble.*

Bertrand Schwartz, *Moderniser sans exclure.*

Victor Serge, *L'an I de la révolution russe.*

Maryse Souchard, Stéphane Wahnich, Isabelle Cuminal, Virginie Wathier, *Le Pen-les mots.*

Benjamin Stora, *La gangrène et l'oubli.*
Pierre Vidal-Naquet, *Algérie : les crimes de l'armée française.*
Michel Wieviorka, *Une société fragmentée ?*
Michel Wieviorka, *Le racisme, une introduction.*

Sciences humaines et sociales

Louis Althusser, *Pour Marx.*
Jean-Loup Amselle et Elikia M'Bokolo, *Au cœur de l'ethnie.*
Paul Bairoch, *Mythes et paradoxes de l'histoire économique.*
Étienne Balibar et Immanuel Wallerstein, *Race, nation, classe.*
Bertrand Schwartz, *Moderniser sans exclure.*
Yves Bénot, *Massacres coloniaux, 1944-1950.*
Philippe Breton et Serge Proulx, *L'explosion de la communication.*
Philippe Breton, *La parole manipulée.*
Yves Clot, *Le travail sans l'homme ?*
Serge Cordellier, *La mondialisation au-delà des mythes.*
Mike Davis, *City of quartz. Los Angeles, capitale du futur.*
Alain Desrosières, *La politique des grands nombres.*
François Dosse, *L'empire du sens.*
François Dosse, *Paul Ricœur.*
Mary Douglas, *De la souillure.*
Florence Dupont, *L'invention de la littérature.*
Jean-Pierre Dupuy, *Aux origines des sciences cognitives.*
Patrice Flichy, *Une histoire de la communication moderne.*
François Frontisi-Ducroux, *Dédale.*
Yvon Garlan, *Guerre et économie en Grèce ancienne.*
Jacques T. Godbout, *L'esprit du don.*
Anne Grynberg, *Les camps de la honte.*
E.J. Hobsbawm, *Les bandits.*
Camille Lacoste-Dujardin, *Des mères contre les femmes.*
Yves Lacoste, *Ibn Khaldoun.*
Bruno Latour, *Nous n'avons jamais été modernes.*
Bruno Latour et Steve Woolgar, *La vie de laboratoire.*
Prosper-Olivier Lisagaray, *Histoire de la Commune de 1871.*
Geoffrey E.R. Lloyd, *Pour en finir avec les mentalités.*
Georg Lukacs, *Balzac et le réalisme français.*

Armand Mattelart, *L'invention de la communication.*

Armand Mattelart, *La communication-monde : histoire des idées et des stratégies.*

Armand Mattelard, *Histoire de l'utopie planétaire.*

Gérard Mendel, *La psychanalyse revisitée.*

Élisée Reclus, *L'homme et la Terre.*

Roselyne Rey, *Histoire de la douleur.*

Maxime Rodinson, *Peuple juif ou problème juif ?*

Jean-Charles Sournia, *Histoire de la médecine.*

Jean-Pierre Vernant, *Mythes et pensée chez les Grecs.*

Jean-Pierre Vernant, Pierre Vidal Naquet, *Mythes et tragédie en Grèce ancienne, vol. 1.*

Jean-Pierre Vernant, Pierre Vidal Naquet, *Mythes et tragédie en Grèce ancienne, vol. 2.*

Max Weber, *Économie et société dans l'Antiquité.*

C. Wright Mills, *L'imagination sociologique*.

La Découverte/Poche

BUSSIÈRE CAMEDAN IMPRIMERIES
GROUPE CPI

Impression réalisée sur Cameron
à Saint-Amand-Montrond (Cher)
en mars 2001 (3e tirage).
Dépôt légal du 1er tirage : 2e trimestre 2000.
N° d'impression : 011522/1.
Imprimé en France